NHK 100分 de 名著 ブックス

# 実存主義とは何か

*L' Existentialisme est un Humanisme*

希望と自由の哲学

## サルトル

*Jean-Paul Sartre*

海老坂 武

NHK出版

# はじめに——対話者としてのサルトル

サルトルは一九八〇年四月十五日、七十四年有余の生涯を閉じました。それを知ったのは日本時間で四月十六日朝七時、NHKのラジオのニュースによってです。そのとき私はたまたま、彼の最後のメッセージとなった「いま　希望とは」というインタヴュー記事を「朝日ジャーナル」という週刊誌の依頼で翻訳している最中でしたが、その翻訳を投げ出したくなる程の喪失感にとらわれたことを覚えています。そしてその四半世紀前、大学に入ってしばらくして『嘔吐《おうと》』という小説をなんとか読み終え、サルトルの研究者になろうと決意したときのこと、またその後十年ほどしてローマの街角でばったり出会い、思わず話しかけたこと、そしてその後三回、直接話を聞くことができたことなどを思い出していました。

しばらくすると、フランスの新聞や雑誌が届き、サルトルの死がかの地でどのように迎えられたかを、驚きと共に知ることになりました。彼の葬儀の日にパリで、なんと五万人の人々が病院からモンパルナスの墓地まで遺体が運ばれる沿道に並び、最後の別れを告げたというのです。

その中にこんなエピソードを伝えている新聞もありました。病院から出棺する際に、詰めかけた人々に、葬儀屋が「ご家族の方は前に出て下さい」と声をかけたところ、一人の女性がこう叫んだというのです。「私たちみんなが家族です!」

この一つの声がどれだけの人々の想いを代弁していたかはわかりません。しかしこういう声が群衆の中からとっさに発せられたということは、サルトルという人の意味を考える上で無視されていいことではないでしょう。その声はいかなるサルトルに向けられていたのか。いかなる点で彼女は自分をサルトルの「家族」と考えたのか。またこの日街頭に出てサルトルに別れを告げ、あちこちのカフェで夢中になってサルトルの話をしていたという多くの人々にとって、サルトルとは何者だったのでしょうか。

ジャン＝ポール・サルトルは、哲学者であり、小説家であり、劇作家でもあります。彼は思想と文学の様々なジャンルにわたって、厖大《ぼうだい》な著作を残しました。『嘔吐』『存在と無』『自由への道』『聖ジュネ』『アルトナの幽閉者』『弁証法的理性批判』『家《うち》の馬鹿息子』、どの作品も二十世紀フランスの文学・思想の歴史に大きな足跡を残しています。

しかし、葬儀の日、パリの街頭に繰り出した五万の人々が想いを寄せていたのは、こうした作品の著者としてのサルトルではなかったのではないか。いや、正確に言うなら、そういうサルトルだけではなく、もう一人のサルトル、同時代の人々が、「この問題について、あの人はどう考えているだろうか」と問いかけ、自分が答えを出すための対話相手としてきた「あの人」としてのサルトルではなかったか……そんな風に考えます。

実際、サルトルは、インドシナ戦争、朝鮮戦争、ローゼンバーグ事件、原水爆実験、ソ連の強制収容所、アルジェリア戦争、ハンガリー動乱、ド・ゴールによる権力奪取、アラブ-イスラエル紛争、プラハの春、ヴェトナム戦争、五月革命、ボートピープル……二十世紀の歴史、戦争と革命と植民地解放の世紀の歴史を引き裂くこれらの出来事に対して常に旗幟《きし》を鮮明にしてきました。同時代のフランスの作家であるアンドレ・マルローもアルベール・カミュもルイ・アラゴンもそれぞれの立場で態度表明をしていたのですが、サルトル以上に社会にインパクトを与えた人はいなかったはずです。

一人の作家の発言に多くの人が耳を傾ける、こういうことが可能であったのは、理のある言葉を尊重する、理のある言葉に力を持たせる、というフランス社会の伝統があったことも見逃してはならないでしょう。そこから、冤罪《えんざい》で死刑になったジャン・カラスの再審運動を展開して裁判を勝ち取ったあのヴォルテール、ナポレオン三世のクーデタに抗議して亡命し、十九年間、詩作品をとおして専制体制を弾劾《だんがい》し続けたあのヴィクトル・ユゴー、スパイ容疑で裁かれたドレフュス大尉の無罪を訴え続けたあのエミール・ゾラのような大知識人も生まれてきたのです。

こうしたサルトルの発言の多くは直ちに日本にも伝えられ、少なからぬ影響をもたらしました。一九五〇年代末から一九七〇年代にかけての安保闘争、ヴェトナム反戦運動、大学闘争などにかかわった方々なら——もうすでにかなり年配の方々になりますが——この時代のサルトルの言葉のあれこれを記憶の片隅に留めておられるかもしれません。また一九六六年、ボーヴォワールと二人で来日したときの東京と京都とでの講演会には、会場に入りきれない人が詰めかけ、講演内容はすぐに新聞や週刊誌に報道され、知識人論議をまきおこすことになりました。

もちろん、今日の観点からするなら、サルトルの発言や取った立場がすべて正しかったとは言えない。とりわけソ連の社会主義にたいして抱いていた期待は、今の時点から見ると幻想と言われても仕方がないでしょう。考えてみると二十世紀というのは決して幸福な時代ではなかった。この世紀ほど大量に人間が人間を殺し、人間が人間を監禁した時代はない。一方で人間解放の運動が大規模に繰り広げられながら、他方で人間抑圧、人間疎外が深く進行して、歴史の流れが数々の希望を押し流し、幻想に終わらせてしまった世紀でした。

その中で「もっといい時代はあるかもしれないが、これがわれわれの時代であり、作家は自分の時代と一つになるべきだ」という自分の言葉をサルトルは愚直なまでに生きていた。若き日の友人だった哲学者のレーモン・アロンのように時代の「観察者」の位置には決して立たず、持続的に精力的に、同時代人にメッセージを発し続けた。一九六八年の五月革命の世代の若者たちは「アロンと共に正しくあるよりは、サルトルと共に誤ることを選ぶ」としてこうしたサルトルの姿勢を支持したのですが、それは、傍観者の正しさとは単なる日和見《ひよりみ》主義にすぎぬことを見抜いていたからで、たとえ誤ったにしても、サルトルのうちに、同時代のかけがえのない対話者を見ていたからではないでしょうか。私はそう考えます。

では、二十一世紀を生きる私たちにとってはどうでしょう。二十世紀の大知識人サルトルはもはや時代遅れの過去の人なのでしょうか。私にはそうは思えません。「自分とは何か」「他人とは何か」「社会にいかにかかわるべきか」等々、誰でも立ち止まって自分の人生について考えるときがあるはずです。そんなときサルトルという人は、確実に私たちの対話者になってくれると考えるからです。

本書では『実存主義とは何か*』を入り口にして、サルトルの実存主義の原点とも言える小説『嘔吐』を中心に、哲学書『存在と無』など、他の作品も紹介していきます。加えてサルトル自身の人生や、その思想と行動の変遷についても触れながら、実存主義がいかにして「希望の哲学」を語るようになっていったかを多角的に探っていくつもりです。ただ本書だけでは、サルトルの全体像は語りえないので、私なりの「実存主義入門」もしくは「サルトル入門」だと思っていただければ幸いです。

＊『実存主義とは何か』
一九四五年十月におこなわれたサルトルの講演録「実存主義はヒューマニズムである」(L'Existentialisme est un humanisme) と、それに続く討論の記録。元の演題は「実存主義はヒューマニズムか」という疑問形だったが、翌四六年に出版されたとき、「である」という断定形に改題されたものと思われる。邦訳書（人文書院刊）には、講演と討論の他に、五篇の短い文章が収録されているが、ここでは、講演「実存主義はヒューマニズムである」(伊吹武彦訳) のみを取り上げる。

**※編集部より**

本書における「実存主義はヒューマニズムである」の引用は伊吹武彦訳（伊吹武彦他訳『実存主義とは何か』〔増補新装版〕所収、人文書院、一九九六年）によっています。そのほかのサルトルの発言や作品からの引用の邦訳については、『嘔吐』をはじめ、著者によりますが、読者の便宜を考慮して以下に参考文献を列挙します。

『嘔吐』〔改訳新装版〕白井浩司訳、人文書院、一九九四年
『嘔吐』〔新訳〕鈴木道彦訳、人文書院、二〇一〇年
『言葉』澤田直訳、人文書院、二〇〇六年
『存在と無』〔新装版〕上下、松浪信三郎訳、人文書院、一九九九年
『存在と無』一～三、松浪信三郎訳、ちくま学芸文庫、二〇〇七～〇八年
『奇妙な戦争──戦中日記』海老坂武他訳、人文書院、一九八五年
『別れの儀式』シモーヌ・ド・ボーヴォワール著、朝吹三吉他訳、人文書院、一九八三年
『文学とは何か』〔改訳新装版〕加藤周一他訳、人文書院、一九九八年
『反逆は正しい』ⅠⅡ、鈴木道彦・海老坂武・山本顕一訳、人文書院、一九七五年
『いまこそ、希望を』ベニイ・レヴィ共著、海老坂武訳、光文社古典新訳文庫、二〇一九年

目次

# 第1章 ― 実存は本質に先立つ

## 一九四五年――解放と不安のなかで

新進の哲学者であり、小説家・劇作家でもあったサルトルを一躍有名にしたのが、一九四五年の十月、パリでおこなわれた講演「実存主義はヒューマニズムである」でした。その講演を翌年出版した本が、『実存主義とは何か』です。講演当日、会場のクラブ・マントナンには数多くの聴衆が押しかけ、入りきれない人々が入り口に座り込んでいたといいます。そして翌日の新聞では、この講演会が文化的事件として大々的に報じられました。

一九四五年という年はどういう年だったでしょうか。言うまでもなく第二次世界大戦が終結した年です。終戦の時期は日本より少し早くて五月ですから、この講演は終戦から数か月後におこなわれたということです。もちろん敗戦国の日本とは違って、フランスは戦勝国です。ともかくもナチス・ドイツの占領から解放されたという、自由を謳歌する気分は当然あったでしょう。

しかしその一方で、現実はそれほど明るいものではなかった。戦争による破壊の爪跡も大きかったし、生活面では依然として食糧難が続き、失業や貧困もある。とりわけ大きかったのは、時代にたいする人々の不安です。

まず一つには、ナチスの強制収容所におけるユダヤ人虐殺の事実が、次々に明るみに出てきた。それは、人間はかくも残虐になりうるのだという震撼《しんかん》すべき事実の証明でもありました。

もう一つは、広島・長崎に投下された原爆です。アラン・レネ[*1]の映画『二十四時間の情事[*2]』(原題"*HIROSHIMA MON AMOUR*"『ヒロシマ・モナムール』一九五九年)の一場面にあるように、その惨禍《さんか》もフランスにすぐ伝えられています。広島・長崎の原爆は、人類が人類全体を破滅させうる技術を手にしたことを、恐怖とともに全世界に知らしめた。サルトルは一九四五年八月執筆の「大戦の終末」(『シチュアシオンⅢ』所収)という文章で、原爆について次のように書いています。

「もしも人類が生存し続けて行くとするなら、それは単に生まれてきたからというのではなく、その生命を存続させようという決意をするがゆえに存続しうるということになるだろう」(渡辺一夫訳)

一方には戦争が終わったという解放感がありつつも、他方では社会全体が希望の見えない不安に覆われている。そんな時代の気分は、日本でも同じように広がっていた。たとえば坂口安吾[*3]や太宰治[*4]、石川淳[*5]といった作家たちが、戦後すぐに書いた作品を読むと、やはり解放感と不安とが混在している様子がわかります。

そうした時代の気分に敏感に反応するのはとりわけ若者です。当時二十歳前後のフランスの若者たちが、この戦争をどう受け止めていたかというと、何よりも大人たちへの不信の念があった。

ユダヤ人虐殺にしても、ドイツ軍の占領を招いたことにしても、占領下での拷問《ごうもん》やテロにしても、あるいは終戦直後、対独協力者たちに対する復讐がおこなわれ、正式な裁判抜きに数知れぬ人々を殺してしまったことに関しても、大人たちに責任があるのではないか。そういう大人たちの支配する社会が戦争終結後も続いている。やりきれなさ、くだらなさ、馬鹿らしさといった感覚、まさしく不条理という一語で表される感覚を、彼らが社会に対して持っていたとしても不思議ではありません。

そんな若者たちの一部が、パリのセーヌ左岸、サン・ジェルマン・デ・プレ界隈《かいわい》*6にたむろし、サルトルの有名な講演以前からすでに、「実存主義者《エグジスタンシヤリスト》」と呼ばれていたのです。

## サン・ジェルマン・デ・プレの「実存主義者」たち

当時の新聞記事では、彼らの風俗をこんな風に描いています。

住所不定のノマド（放浪者）で、界隈の安ホテルを転々としている。バーやキャバレーに行って夜を明かし、そのくせ金がないので借金ばかりしている。トイレには落書きを書きまくる。男は伸びた髪の毛をもじゃもじゃにして、女は長い髪を垂らしている。男も女もいつも黒い服ばかり着ている――。

要するに、無為徒食で、ほとんど何もしていないのです。昼間はカフェからカフェに渡り歩いて、夜は「穴倉」と呼ばれる地下のバーやキャバレーで酒を飲み、ジャズをかけて踊り狂っている。戦後の混乱期になすこともなく遊んでばかりいる退廃的な若者たち、という肖像です。

では、どうしてそんな彼らが実存主義者と呼ばれ、サルトルが彼らと結びつけられたのか。サルトルは、すでに戦前の小説『嘔吐』（一九三八年）で「実存」（existence）という言葉を使い、戦中の哲学書『存在と無』[*7]（一九四三年）でも「実存の哲学」を打ち出していたということが一方にあります。他方、パートナーのシモーヌ・ド・ボーヴォワール[*8]とともに、やはりサン・ジェルマン・デ・プレの一角でホテル暮らしをし、ノマド的な生活をしていたということがある。

ホテル暮らしというといまでは贅沢《ぜいたく》な感じがしますが、当時のホテルは下宿のようなものです。実は、サルトルの母親の家はサン・ジェルマン・デ・プレの広場の角にある建物の四階にあったのですが、サルトルはそこには住まなかった。そして結婚をしていない状態で女性と一緒にホテルで暮らしている。こうしたことが、当時のモラルでは疑わしく見られ、その点でも若者たちのうさんくささと通じるところがあったのです。

この当時のサルトルは一日中、界隈のカフェ・ド・フロールというカフェに入り浸って、ものを書いている。そしてときには若者たちを自分のテーブルに集めて、議論をする。テーブルに集まる常連は、「サルトル一家」すなわち「サン・ジェルマン・デ・プレの法王」とされたサルトルを中心に、巫女と呼ばれた歌手のジュリエット・グレコ[*9]、プリンスと呼ばれたジャズ・トランペッターですでに小説を書き始めていたボリス・ヴィアン[*10]などです。これでは若者たちの親分と見られても仕方がありません。一時期は地下鉄のサン・ジェルマン・デ・プレの駅の壁にこのサルトル一家の絵が描かれていました。

ただしサルトルは当初、「実存主義」という言葉を嫌っていた。風俗と哲学は別だと言い、自分の哲学と実存主義者と呼ばれる若者たちの行動を結びつけられるのを、迷惑だと拒んでいた。一九四四年の時点では、こう語っています。

「私の哲学は実存の哲学である、実存主義とは何なのか、私は知らない」

つまり実存主義とは他称だったのです。

しかし、そのように当初は実存主義というレッテルを拒否していたサルトルが、「実存主義はヒューマニズムである」の講演以後これを積極的に受け入れるようになります。この姿勢の転換は、あえてそう名乗ることのほうがプラスになると考えたのかもしれないし、彼の本の読者でもある「実存主義者」たちに向けて、むしろその意味を明確化することで、新しい思想を示すことができると考えたからかもしれません。

そこで講演の要旨を記しておきましょう。冒頭、サルトルは、実存主義に対してなされたいくつかの批判に答え、これを擁護すると宣言する。まず一つには、カトリックの保守的な立場からなされた道徳的な批判がある。ある婦人が腹を立てて思わず汚い言葉を口にしたとき、「私も実存主義者になったようです」と詫びたという笑い話を紹介し、実存主義は醜悪《しゅうあく》さと同一視されているといいます。

これには理由がないわけではなく、それまでの作品の中でサルトルは、「ぬるぬるしたもの」や「ねばねばしたもの」といった、ネガティヴな粘液質のイメージを、肉体と結びつけて描いていました。サルトルの初期の短篇小説『水いらず』[*11]（一九三八年）や『部屋』[*12]（同年）などでは、性をとおして人間関係を描こうとしており、これらの短篇は日本でも戦後、田村泰次郎[*13]氏の作品と同じ「肉体文学」として受けとめられたくらいですが、そこで描かれた性的なイメージが醜悪だと、嫌悪感を持つ人々がいたのです。

もう一つは、コミュニストたちからの政治的な批判があった。すなわち、サルトルの不安の哲学は人々を絶望的な静観へと誘《いざな》うものであり、一種の虚無主義（ニヒリズム）

なのではないか、と。そして保守派のカトリックと同様、人間の美しさよりも、醜さや悪意ばかりを強調して、「人類の連帯関係にそむき、人間を孤立したものと考える」と非難したわけです。さらに、これは邦訳版『実存主義とは何か』所収の別の文章「実存主義について——批判に答える」（一九四四年十二月）で述べられていることですが、サルトルがその「実存の哲学」の出発点において多くを負っているハイデッガー[*14]は、ナチスに協力した人間ではないか、という批判もなされていたのです。

それら左右からの批判に一つ一つ応答しながら、サルトルは、自分の哲学全体をヒューマニズムであると定義し、説明していくのです。

## 「実存は本質に先立つ」とは

この講演にはいくつかのポイントがあって、実存主義を説明するわかりやすい二つの定式が提示されています。

第一の定式が、「実存は本質に先立つ」。

第二の定式は、「人間は自由の刑に処せられている」。

「自由の刑に処せられている」は、「人間は自由に運命づけられている」という言い方をしてもいいでしょう。そこでは、「自由」と「運命」という逆説的な関係が暗示されています。

本章では、第一の定式について、少し考えてみたいと思います。「実存は本質に先立つ」とは、いったいどういうことなのか――。

「実存」というのは、この世界に現実に存在するということ。他方「本質」とは、目には見えないもので、物の場合ならば、その物の性質の総体、要するに、どんな素材であるのか、それはどのようにつくられるのか、何のために使われるのか、といったことの総体です。

ここで例に挙げられているのは、ペーパーナイフです。その製造法や用途を知らずに、ペーパーナイフという物をつくることはできない。ペーパーナイフとはどういうものかを、あらかじめ職人は知っている。だから職人はその本質を心得ながら、ペーパーナイフという実際の存在、実存をつくる。つまりこの場合には、「本質が実存に先立つ」わけです。それはペーパーナイフに限らず、書物でも、机でも、家でも、みな同じです。

では、人間の場合はどうか。もちろん神が存在して、神が人間をつくったと考えれば、ペーパーナイフとまったく同じことになる。神の頭の中にまず、人間とはどういうものかという本質があり、それから人間の実存がつくられるということでは、同じです。この「本質が実存に先立つ」という考え方は、十八世紀になってからの無神論でも同じことです。

十八世紀は、ルソー[*15]などに見られるように、「自然」を尊重した時代です。哲学者たちは「人間は人間としての本性をもっている」ので、「それぞれの人間は、人間という普遍的概念の特殊な一例である」と考えた。「本性」も「自然」も、フランス語では同じ「ナチュール」（nature）で、「ナチュール・ユメーヌ」（nature humaine）というと、「人間本性」すなわち「人間本来の自然なかたち」という意味です。この場合でも、人間の自然な本質が、個々の人間の実存に先立っているとしたわけです。

ところがサルトルは、人間の場合はそうではない、と主張する。逆に「実存が本質に先立つところの存在」こそ人間である、と彼は宣言するのです。

実存が本質に先立つとは、この場合何を意味するのか。それは、人間はまず先に実存し、世界内で出会われ、世界内に不意に姿をあらわし、そのあとで定義されるものだということを意味するのである。（中略）人間はあとになってはじめて人間になるのであり、人間はみずからがつくったところのものになるのである。このように、人間の本性は存在しない。その本性を考える神が存在しないからである。

（『実存主義とは何か』）

人間はまず先に実存し、したがって、自分の本質はそのあとで、自分自身でつくるものだ、というのがサルトルの考え方です。「人間はみずからつくるところのもの以外の何ものでもない」、これが「実存主義の第一原理」です。そしてそこから、みずから主体的に生きるという「主体性」の概念が出てきます。

みずからをつくるということは、未来に向かってみずからを投げ出すこと、すなわち、みずからかくあろうと「投企」することだ、と。

この耳慣れない「投企」という概念は、フランス語の「プロジェ」（projet）です。普通は「計画」という意味ですが、「前へ《プロ》／投げる《ジエ》」というニュアンスがわかるように、哲学用語としてそう訳されているのです。

「主体性」や「投企」という概念、そこから何かを「選択」する「自由」という概念、あるいは自分で選ぶということに伴う「責任」、そのことへの「不安」、また自分ひとりで決めることの「孤独」と、一連の概念がつながって、そこに実存主義という考え方の基本的図式が浮かび上がってきます。

サルトルが実存主義を二つに分けていることも念頭においておく必要があるでしょ

う。一つをキリスト教的実存主義、もう一つを自分自身も含めて無神論的実存主義と呼び、その両者の共通点が、いま述べた、人間においては「実存が本質に先立つ」という考え方です。

サルトルは、キルケゴール[*16]の『おそれとおののき』[*17]（一八四三年）という本に言及して「アブラハムの不安」[*18]という問題を考えています。ある日天使がアブラハムのところに現れて、「汝《なんじ》はアブラハムなり。汝の息子を犠牲とせよ」というお告げをする。アブラハムは迷います。「はたしてあそこに現れたのはほんとうに天使なのだろうか」「アブラハムというのは、たしかに私のことなのだろうか」――。しかし、アブラハムは決めなければいけない。そして彼は、お告げは天使の声であり、自分はたしかにアブラハムであると決めて、息子イサクを生《い》け贄《にえ》にすると決断する。自分で主体的に選択をするときの責任や不安、この「アブラハムの不安」のうちにサルトルはキリスト教的実存主義の原点を見るのです。

さらに、「神は存在しない」という無神論の立場からは、主体的な選択には、孤独の問題が深く関係してきます。それは、「もし神が存在しないとしたら、すべてが許されるだろう」[*19]というドストエフスキー[*20]の有名な言葉にも通じていく。そこから、「人間は自由そのもの」であり、「人間は自由の刑に処せられている」という第二の定式へとつながっていくのですが、それについては次章で述べることにします。

ここでは、「実存」という観念が、サルトルのうちにどのようにできあがってきたのかについて、振り返って考えてみたいと思います。前述したように、この観念は戦後、彼が突然提示したものではありません。講演の七年前に発表された長篇小説『嘔吐』に目を向けてみましょう。

## 『嘔吐』と偶然性

『嘔吐』は、二十世紀のフランス文学を代表する傑作の一つです。日本でも戦後すぐに翻訳されて、人々が海外の現代文学に飢えていた当時、その難解さにもかかわらずかなりの売れ行きを見せ、日本の戦後文学にも大きな影響をもたらしました。また、これは私個人にとっても特別な一冊です。それ以後のサルトルの主要テーマがいくつも姿を現す、きわめて重要な作品ですが、その最大のテーマが「実存」なのです。

この作品が刊行されたのは一九三八年。サルトルが一九二九年頃からずっと構想しつづけ、約七年の歳月をかけて執筆したものです。二十代半ばから三十代はじめまでの自分のすべてをつぎ込んだ作品だといえるでしょう。そしてこの長篇によって、サルトルはまず小説家として認められていきます。

語り手である主人公は、アントワーヌ・ロカンタンという青年です。小説は彼の日記という形式をとっていて、日付は一九三二年の一月から二月。舞台はブーヴィルという港町です。ブーヴィルは架空の町ですが、これは当時サルトルが学校の教師をして住んでいたノルマンディ地方の港町ル・アーヴルがモデルだと考えてかまわないでしょう。語り手ロカンタンは、作者サルトルとは相違する点もたくさんありますが、ものの考え方という点では、ほぼサルトル自身と同一だととらえてよいと思います。

ロカンタンは利子生活者です。三十歳の若さで、三十万フランもの財産を持っている。いまの貨幣価値に置き換えると、一億二千万円くらいになると思います。年に一万四千四百フランの金利収入があり、毎月千二百フランをもらっている。四十八万円ほどでしょうか。定職を持たない一種の高等遊民で、家族の有無という点をのぞくと夏目漱石[*21]の『それから』[*22]の主人公の代助に似ているところがあります。

ブーヴィルの町に来たのは三年前。それまではどこで何をしていたのかというと、中部ヨーロッパや北アフリカ、中近東、東南アジアから極東の日本まで、世界のあちこちを放浪していた。ノマドであり、さらには冒険家だったともいえます。

ではこの町に来て何をしているのか。彼はアマチュアの歴史家として、ロルボン侯爵という十八世紀の人物について調べ、本を書こうとしている。ひとりホテルで暮らしていて、炊事や洗濯といった生活の影というものはない。図書館へ行く。レストランで食事をする。しょっちゅうカフェに出入りして、ときどきカフェのマダムと情事を交わしているが、人との付き合いはほとんどしない。いまで言うなら、一種の引きこもり人間かもしれません。ごくまれに、図書館で知り合った「独学者」と呼ぶ人物と言葉を交わしている。当然、彼は独身で家庭はなく、家族のことは話に出てこない。家族の絆《きずな》とか、結婚、そういうものを完全に無視した人間です。サルトルは家族や社会との絆を一切持たないで、ひとりで考え、ひとりで生きていく「単独人間」(homme seul)という姿勢から出発していますが、ロカンタンも同じです。彼は研究の真似事をしているけれども、大学や研究機関ともまったく関係がない。

ごく簡単に、あらすじを紹介しておきましょう。物語は、ロカンタンがふと、物に対して妙な感じを覚え、小石とかドアの取っ手を見たり、それらに触れたときになぜか不快感を覚えたことからはじまります。彼はその正体を見極めようと日記を書きはじめ、しだいにその不快感が「吐き気」であることを意識し出します。そして「この吐き気はいったい何なのか」と考える。ある日、これは自分の存在の仕方と関わっていると気がつき、公園のマロニエの木の根っこを前にして、ある種の啓示を得ます。その場面を見ておきましょう。

「実存が突如その姿を現していた。それは抽象的な範疇としての無害な見かけをなくしていた。それは物の生地《きじ》そのものだった、この木の根は実存のなかで捏《こ》ねられていた。というかむしろ、木の根、庭の鉄柵、うっすらとした芝草、こういったものはすべて消え失せていた。物の多様性、物の個別性といったものは、単なる見かけ、うわべのニスにすぎなかった。そのニスは溶けてしまい、あとには、奇怪な、ぶよぶよの、無秩序の塊だけが残っていた――むき出しの塊、ぞっとする卑猥な裸体の塊だけが」（『嘔吐』）

こんな風にして姿を現した〈実存〉、要するにこれは、物も人間もあらゆるものは偶然の産物であり、不条理であり、根拠がない、という啓示です。すべてが何の意味もなく、ただそこに実存していることを発見する。「吐き気」とは単なる生理的な反応ではなく、そういう実存を前にしたときの意識の反応であることを、ロカンタンは理解するのです。

「吐き気」の到来と並行して、ロカンタンはそれまでの自分の研究、ロルボン侯爵の研究ができなくなってしまいます。そして彼は、ただひとり大事にしていたアニーという昔の恋人と、また会って話したいと思うのですが、実際に会ってみると話がすれ違ってしまい、期待していた再会は失意のうちに終わります。

ロカンタンは、これからどうしたらいいだろうかと途方に暮れる。そこに一条の光が射してくる。それは音楽から射してきます。カフェのレコードで耳にした、黒人女性が歌う歌[*23]。ジャズのメロディ。それを聴いているとなぜか「吐き気」が消えるのです。何かこれに似たものを自分はつくれないだろうか、と考え、ロカンタンが一篇の小説を書くことを決意するところで、物語は終わります。

——さて、これはいったい何を描こうとした小説なのでしょうか？　ひと言でいえば、世界と人間についての真実発見の物語、あるいは「実存」という真実を発見する物語です。そしてその「実存」とは、「偶然性」でしかない。つまり、「存在」することの「必然性」とは相反するものなのです。

はじめ、この作品は、『偶然性に関する覚書』という題で構想されていました。サルトルは当時、「偶然性の理論」と彼が呼ぶ考えに没頭していたからです。しかし書いていくうちに、抽象的な哲学的エセーだったものが、小説に変わっていく。「推理小説風のサスペンス」を物語に入れるべき、というボーヴォワールの進言もあり、単独人間の主人公がみずからの冒険を通して、「実存」の「偶然性」を発見してゆくという、一種の哲学的冒険小説に変わっていったのです。

では、なぜ「偶然性」というテーマがサルトルをとらえたのでしょうか？　それは、幼い頃の家庭環境を含め、彼の内面がどういう形成過程を経たのかという、少年期からの体験のレベル、世界と人間とを見る根源的なヴィジョンから発しているように思われます。そこで、少々長くなりますが、『嘔吐』刊行までのサルトルの前半生について追ってみたいと思います。

## 父なき子、サルトル

ジャン＝ポール・サルトルは一九〇五年六月二十一日、パリに生まれました。父親は、フランス南西部出身の医者の息子で、パリの理工科学校（エコール・ポリテクニーク）というエリート校を出て、海軍に入り、船に乗ってインドシナあたりまでの洋上任務にあたったという人です。背丈が一メートル五十六センチであったそうで、息子のジャン＝ポールよりも一センチ低かったことになります。そしていったんフランスに帰国したとき、同期生の妹と結婚する。それがアルザス（フランス北東部）出身のドイツ系フランス人である、サルトルの母親です。旅先で病気になった父親は、サルトルが一歳をちょっと過ぎた頃に亡くなってしまいます。

残された母親とサルトルは、パリ郊外ムードンにあった母方の実家の祖父母に引き取られます。アルザス出身の祖父シャルル・シュヴァイツァーは有名なアルベルト・シュヴァイツァー博士[*24]の伯父にあたる人で、ドイツ語の教師でした。つまりサルトルの母親とシュヴァイツァー博士は、いとこ同士にあたります。サルトルはのちに自伝『言葉』[*25]（一九六四年）の中で、その頃の暮らしのことを「幸福な十年間」と呼び、父親が早くに死んだことを自分の幸運の一つに数えている。父親の権威や抑圧を知らずに自由に育ったということで、「父なき子」である自分はすなわち誰の子でもない、という意識を彼に与えたのかもしれません。

幼い頃から祖父の書斎を遊び場として、書物に囲まれ書物からさまざまな知識を得て、「書物人間」として育っていきます。

「私は土をほじくり返したり、鳥の巣を狙ったりしたことは一度もないし、植物の採集をしたり、小鳥に石を投げたこともない。しかし本が私の小鳥であり、巣であり、家畜であり、家畜小屋であり、畑であった」（『言葉』）

一方でサルトルは、四歳の頃に右眼をほぼ失明、強度の斜視になります。そして七歳のとき、自分の「醜さ」というものを発見させられる。祖父が彼を床屋に連れていき長い髪を切らせていたとき、母親が息子の顔の醜さに気づき卒倒しそうになったというのです。それ以後、誰も彼の写真を撮らなくなり、たまに撮った写真も母親が隠して誰にも見せない。

十一歳のときに母親が再婚して、ラ・ロシェルという大西洋岸の港町に移ります。それまで祖父母や母との蜜月時代を過ごしていたサルトル少年にとって、義父とは侵入者であり、それは楽園の喪失を意味しました。死んだ父の同級生だった義父は造船所の所長で、金持ちです。すでに文学少年となっていたサルトルは、理工系の権威的な義父とそりが合わず、大嫌いになっていく。そこでまた、自分は誰の子でもないという意識を強めていく。

ラ・ロシェルの学校では、パリから来た生意気な転校生で、おまけに背が低いということもあって、同級生からいじめられる。それに対抗するため、口が達者な彼はほら吹きになり、その嘘がばれてさらに笑われると、こんどは「力」に訴えて、しだいに乱暴な少年に育っていく。またこの頃からすでに、根拠もなく自分が天才であると思い込みはじめ、ものを書きたいという意欲も高まっていったのですが、これははみだし者の自意識、反抗心と無関係ではないかもしれません。

十五歳でサルトルはパリに帰り、十歳のときに学んでいたアンリ四世校に復学。生涯の友人となるポール・ニザン[*26]との再会を果たします。彼もまた斜視でした（サルトルは外側に、ニザンは内側に向いた斜視）。ニザンはのちに『アデン アラビア』[*27]（一九三一年）という旅行記を書いて作家として踏み出します。アンリ四世校を終えた後、二人は一応大学に籍を置くのですが、さらに高等師範学校（エコール・ノルマル）を受験するため、ともにルイ大王校という寄宿制のエリート校に入り、二年後、成績優秀で高等師範に進む。この高等師範時代、サルトルはニザンのほかに、レーモン・アロン[*28]という、のちに哲学者となる友人を得ます。また、恋愛を最初に経験したのもこの時代で、シモーヌ・ジョリヴェ[*29]という女性にさんざん翻弄《ほんろう》されるのですが、彼女がのちに『嘔吐』のロカンタンの元恋人アニーのモデルとなります。

この高等師範時代はサルトルにとって幸福な四年間だったようですが、彼はいつも冗談やほら話や猥談《わいだん》ばかり口にして、挑発的に悪ふざけを繰り返し、タキシードを着て気取った同級生に水をぶっかけたりもしている。プルースト[*30]の作品名をもじった『花咲ける若き間抜け面のかげに』というレヴューを書いて上演して校長を諷刺《ふうし》し、スキャンダルになったこともあります。鉄棒で筋肉を鍛え、ボクシング・ジムに通いはじめたのもこの頃です。友人のニザンは、「ボクシングをするサルトル」という漫画を描いてからかいましたが、「力」というのも、サルトルの作品にしばしば出てくる大事なテーマの一つです。

## ボーヴォワールとの出会い、そして『嘔吐』刊行

一九二八年、高等師範を卒業したサルトルは、アグレガシオンという教授資格試験を

受けます。しかしあまりにも独創的な哲学論文を書いたようで、その受験に失敗し、一年間浪人する。そのとき知り合ったのが、一学年下のボーヴォワールです。一緒に勉強するうちに二人は恋人同士になり、翌二九年に二人とも合格しますが、成績は一番がサルトル、二番がボーヴォワールでした。恋人になってからの有名なエピソードに、サルトルが「僕たちの恋は必然的なものだ。でも偶然的な恋も知る必要があるさ」と申し出て、ボーヴォワールはそれに納得したという話があります。こんなところにも、「偶然」と「必然」という哲学のキーワードが出てくるのです。

そのあと二年間の兵役生活を経て、三一年からサルトルは高校の哲学教師として、『嘔吐』の舞台のモデルとなるル・アーヴルに赴任し、作品を書きはじめる。ル・アーヴルではロカンタン同様、ホテル暮らしをして、ボヘミアンのような生活をしている。

高校教師としてのサルトルは、授業に時間ぎりぎりタクシーで駆けつけたり、生徒を連れて映画に行ったり、生徒とボクシングをしたり、一緒に売春宿へ行って一晩中飲み明かしたりと、絶えずスキャンダラスな行動をとっていた。権威や、儀式のものものしさが大嫌いな人ですから、卒業式の祝辞で映画の話しかしない。授業は上からの講義ではなく、生徒に発表させて話し合う対話形式だったようで、当時は生徒に義務づけられていたネクタイを着用しなくてもよいとし、教室では禁じられていた喫煙を許可、自分も煙草《たばこ》を吸いながら授業をしていた。

その間、一九三三年から三四年にかけて、ベルリンに一年留学しています。目的は現象学[*31]の勉強です。この年はナチスが政権を取った年ですが、後年のサルトルからは信じ難いことに、そうした政治の動向には無関心だったようで、午前中はフッサール[*32]の本を読みふけり、午後にはのちに『嘔吐』となる作品を執筆していた。当然作品も、現象学の影響で変化していきます。

ル・アーヴルに戻ったサルトルは、やがて一種のノイローゼ状態に陥ります。メスカリンという幻覚剤を試しに注射してもらったところ、蟹《かに》とか蛸《たこ》とか禿鷹《はげたか》といった、怪物的なイメージに襲われる幻覚症状が現れ、それが延々とくり返されるようになってしまったのです。『嘔吐』の中にも、蟹への変身をはじめとするグロテスクな幻覚じみた場面がいくつも出てきますが、メスカリンの影響なのでしょうか、甲殻類《こうかくるい》は、サルトルにとってもっとも不気味な生き物となっていたのです。もともと背が低いうえに、だんだん太りはじめ、髪の毛も薄くなってくる。偉大な作品を書く天才だったはずなのに、一向に作品は出来上がらず、自分は冴えない田舎教師に過ぎないではないかと落ち込んでいく。

『嘔吐』とは、そんな状況の中でようやく書き上げられた作品なのです。タイトルは当初の『偶然性に関する覚書』から『メランコリア』（デューラーの有名な版画の題。鈴木道彦訳『嘔吐』の装画になっています）に変わり、次には『アントワーヌ・ロカンタンの並はずれた冒険』となる。最終的にはガリマール書店の社長の提案により『嘔吐』の題名で一九三八年に出版されるに至ります。

## 肖像スケッチ

以上が作家になるまでの、サルトルの前半生のあらましですが、サルトルがどんな人物であったかについていろいろな証言があるので、型破りのその肖像を少し先回りしてスケッチしてみましょう。

言葉人間、書物人間であることはすでに記しましたが、出会ったばかりのサルトルについてボーヴォワールは「一日中でも徹底的にものを考えていられる人」と書いています。じっさいサルトルの作品をひもとくと、どのページからも生きることとは考えることであった人間の巨大な営みが感じられます。しかし、第2章で触れますが、そのサルトルが遊び好きであり、ドン・ファン[*33]であったと知ると、どこにそんな時間があったのだろうと不思議な気がします。眠る時間を極端に削っていたのでしょうか。

遊びの中には、街歩きがありました。学生時代は高等師範の仲間、とりわけポール・

ニザンと二人して、教師時代は学生を引き連れて、そして生涯をとおしてボーヴォワールと共に街を歩き回り、都会の〈不可思議《メルヴェイユ》〉を発見することに喜びを覚えている。この点ではシュールレアリストたちと趣味を共にしています。ただそれはあくまでも都会の街歩きであって、田舎ではない。田園でのんびりしているサルトルの姿は想像できません。なにしろ彼は緑アレルギー、反自然の人なのです。こうした街歩きからは『糧』[*34]のような素晴らしいエセーが生まれることになります（増補新装版『実存主義とは何か』所収）。

反自然の性向は食べ物にも現れています。野菜が嫌い、果物が嫌い、生《なま》のものがだめ。フランス人の好きな牡蠣《かき》も口にしない。日本に招かれたときは、出された刺身や貝類を無理をして食べたのでしょう、ホテルに帰ってからこの『嘔吐』の著者が人生でなんと初めて（！）「吐き気」を覚え、実際に吐いたことが、ボーヴォワールの回想録『決算のとき』の中に恨みごとのように書かれています。サルトルはアルザスがルーツということもあるのですが、まったくの肉食人間で、ソーセージ、豚肉が好みだったとのこと。そして意外なことにケーキが好きで、よく通ったサン・ジェルマン・デ・プレにある老舗《しにせ》のレストラン「リップ」では、必ず大きなチョコレートケーキを注文したとのことです。

物を持つことが嫌いで、生涯アパルトマンも家も持たず、若いうちは安ホテル住まい、お金ができてからはアパルトマンを借りている。それも実に質素で、私が訪れたラスパーユ通りのアパルトマンもモンパルナスのアパルトマンも2DK。もちろん寝室は見ませんでしたが、書斎となっている部屋は三十平米ぐらいで、お祖母《ばあ》さん譲りのソファーとテーブル、仕事机、そして本棚、誰の作品かは確かめられませんでしたが二点ほど絵がかかっているだけでした。本の量もわずか、読み終わるとみな人にあげてしまうのだそうです。アパルトマンは常に建物の最上階だということも大事です。彼は高いところが大好きなのです。

お金は、と言えば、世界的な流行作家となったサルトルですから相当な額を手にしたはずです。しかし晩年は常にお金に困っていて、出版社であるガリマール書店から前借りの形で毎月お金を受けとっていた。何に使ったのか。もともと彼は学生時代からお祖母さんの遺産が入ったり、家庭教師をしたりして経済的に裕福な〈お大尽《だいじん》〉だった。お金があると友だちにおごったり、あげたり、持っているお金を片端から使って「気前のいい人」という評判が立っていたとのこと。作家として本が売れ出してからはこの気前の良さが並のものではなくなり、秘書を雇い、愛人たちや政治亡命者たちに毎月巨額のお金を渡している。レストランやカフェでも人が驚くほどのチップを与えている。すべて現金ばらいなので財布にはいつもたくさんのお金が押し込まれていたそうです。

サルトルは音楽好きで自分でもかなりあとまでピアノを弾いています。子供のときにレッスンを受け、ラ・ロシェルにいた中学時代には母親と一緒に連弾曲を弾いたりしている。高等師範時代にはピアノの先生もしていたのでかなりの腕だったのでしょうか。好きな作曲家として、ベートーヴェン[*35]、ショパン[*36]、シューマン[*37]、バルトーク[*38]などをあげていますが、シューベルト[*39]は嫌いだそうです。

しかし特筆に値するのはやはり「黄金の弁舌の力によって女をものにする、教養あるドン・ファン」になることを夢見てその夢をほとんど実現した若きサルトルです。これは次章で詳しく紹介します。

**＊1　アラン・レネ**
一九二二〜二〇一四。フランスの映画監督。他の作品に『夜と霧』『去年マリエンバートで』など。

**＊2　『二十四時間の情事』**
マルグリット・デュラス脚本、アラン・レネ監督の映画。一九五九年の広島。戦時中ナチスの男と愛し合ったフランス人の女性が、かつて原爆によって家族を失った日本人の男性と知り合い、明日のない情事にふけりながらも記憶の中の戦争を生き直す。

**＊3　坂口安吾**
一九〇六〜五五。新潟県出身。小説家。本名炳五。『堕落論』『白痴』など。

**＊4　太宰治**
一九〇九〜四八。青森県出身。小説家。本名津島修治。『斜陽』『人間失格』『桜桃』など。

**＊5　石川淳**
一八九九〜一九八七。東京都出身。小説家。『普賢』で第四回芥川賞を受賞。『焼跡のイエス』『紫苑物語』など。

**＊6　サン・ジェルマン・デ・プレ**
ルーヴル美術館、ノートルダム大聖堂などにも近いパリ中心部の地区で、十七世紀以来、知識階級の住宅地。第二次世界大戦後はサルトル、グレコら文人・芸術家が多く集う文化地区として知られ、現在もカフェ、画廊、骨董店などが並ぶ。

**＊7　『存在と無』**
副題に「現象学的存在論の試み」とあるように、フッサール（現象学）とハイデッガー（存在論）の影響を受けつつ、戦時中に書きつがれた大著。詳しくは84ページ（「他者のまなざし――『存在と無』」）参照。

**＊8　シモーヌ・ド・ボーヴォワール**
一九〇八〜八六。フランスの作家、哲学者。小説『他人の血』、評論『第二の性』など。

**＊9　ジュリエット・グレコ**
一九二七〜。フランスのシャンソン歌手、俳優。主な出演作に『日はまた昇る』『悲しみよこんにちは』など。

**＊10　ボリス・ヴィアン**
一九二〇〜五九。フランスの小説家、詩人。『日々の泡』『北京の秋』など代表作となる小説を四〇年代から発表。ジャズ・トランペッター、シャンソン歌手としても活躍した。

**＊11　『水いらず』**
――リュリュは夫アンリーの体が柔かいことも、そのため「不能」であることも好きだった。しかし、もう愛していないと思った彼女は、「いやになりました」と書き置きして家を出た。金持ちで〈技巧〉の達者な愛人の別荘に行く手筈も整った。だが彼女は行かなかった。愛人への手紙には「あなたを愛している」が、「あんまり気の毒ですからわたしはアンリーのそばに残ります」（伊吹武彦訳）と書いた。

**＊12　『部屋』**
――ダルベダ夫妻の娘エヴは、夫ピエールと近くのアパルトマンに住む。ピエールは部屋にこもり、幻覚を見、エヴを「アガト」の名で呼ぶなど狂気の兆候を示す。ダルベダ氏はピエールの〈精神錯乱〉を恐れ、夫人は、そんなピエールにエヴが性的に〈執着〉していることを恐れている。そしてエヴは、やがて完全な狂気に陥ることが確実なピエールに、心の中でこう語りかける。〈その前に、あなたを殺しましょう〉（白井浩司訳）。

**＊13　田村泰次郎**
一九一一〜一九八三。三重県出身。戦後、『肉

体の門』（四七）がベストセラーに。

**＊14　ハイデッガー**
一八八九〜一九七六。ドイツの哲学者。現象学、ドイツ観念論に強い影響を受け、時間から存在の意味に迫ろうとする独自の哲学を発展させた。主著は『存在と時間』。

**＊15　ルソー**
一七一二〜七八。ジャン＝ジャック・ルソー。フランスの啓蒙思想家、文学者。主著は人民主権の原則をうち出した『社会契約論』で、フランス革命に大きな思想的影響を与えた。他に『エミール』『告白』など。

**＊16　キルケゴール**
一八一三〜五五。デンマークの哲学者。主著に『死に至る病』など。

**＊17　『おそれとおののき』**
愛するものを突き放すことによって、愛は感性的領域から倫理的・宗教的な領域にまで高められることを述べた書（一八四三年刊）。書名は『新約聖書』「恐れおののきつつ自分の救いを達成するように努めなさい」（「フィリピの信徒への手紙」2－12）から。

**＊18　アブラハム**
イスラエル最初の族長として『旧約聖書』に登場する。息子イサクに関するエピソードは「創世記」第22章による。神の声にしたがってイサクを山上の祭壇に載せ、刃物を取って殺そうとしたまさにその瞬間、天使の声がアブラハムを制止する。

**＊19　「もし神が……許されるだろう」**
『カラマーゾフの兄弟』の中で次男のイワンは、「すべては許されている」と何度も口にする。その前提が「神がなければ」で、「無限の神が

なければ、どんな善行もありえないし、そうなったら、善行なんてまったく必要なくなる」というイワンの言葉も伝聞の形で語られる〈第四部第十一編「兄イワン」亀山郁夫訳〉。

**＊20　ドストエフスキー**
一八二一～八一。ロシアの小説家。他の作品に『罪と罰』『悪霊』など。

**＊21　夏目漱石**
一八六七～一九一六。小説家。他の作品に『坊っちゃん』『虞美人草』『こころ』『明暗』など。

**＊22　『それから』**
明治四十二年（一九〇九）執筆の小説。――三十になる長井代助は、「月に一度は必ず本家へ金をもらいに」行き、それを使って生きる〈遊民〉。その代助が、かつて彼が愛した女性で、今は親友の妻となっている三千代と再会する。代助は、親からの絶縁、親友からの絶交を甘んじて受け、三千代とともに生きていくことを決意する。

**＊23　黒人女性が歌う歌**
「Some of these days」。実際には歌詞とメロディは、カナダ生まれの黒人男性シェルトン・ブルックスによって一九一〇年につくられ、ロシア生まれのユダヤ人女性ソフィ・タッカーによって歌われた。ソフィはデビュー当時顔を黒くしてステージに立ったらしく、ヨーロッパではしばしば黒人歌手と思われたという。

**＊24　アルベルト・シュヴァイツァー**
一八七五～一九六五。当時ドイツ領土のアルザス出身の哲学者、神学者。一九一三年、医者・伝道師としてアフリカへ渡り、黒人の医療伝道に従事し、「原始林の聖者」と呼ばれた。五二年ノーベル平和賞受賞。

**＊25　『言葉』**
五十歳代のサルトルが、十二歳の頃までの幼少期を再構築した自伝（一九六四年刊）。「ものを読むこと、書くことという二つの文学的行為」の原初的形態が、自身のうちでどのように形成されていったかに焦点を当てている。

**＊26　ポール・ニザン**
一九〇五～四〇。フランスの作家、哲学者。他の作品に『トロイの木馬』『陰謀』『アントワーヌ・ブロワイエ』など。

**＊27　『アデン アラビア』**
アラビア半島の港町アデン（現イエメン）に滞在した経験を中心に、孤独で怒りに満ちた思索を綴った書。冒頭の一節「ぼくは二十歳だった。それがひとの一生でいちばん美しい年齢だなどとだれにも言わせまい」（篠田浩一郎訳）は広く知られる。

**＊28　レーモン・アロン**
一九〇五～八三。フランスの社会学者。『現代ドイツ社会学』（一九三五）によって相対的・多元的歴史哲学を説き、マルクス主義の主要な批判者として知られる。他の著作に『レーモン・アロン回想録』など。

**＊29　シモーヌ・ジョリヴェ**
一九〇三～六八。フランスの女優、劇作家。同じく劇作家だったシャルル・デュランと内縁関係にあった。サルトルにとっては父方の縁戚にあたる。

**＊30　プルースト**
一八七一～一九二二。フランスの小説家。主著は『失われた時を求めて』。

**＊31　現象学**
心理現象の背後に想定される〈刺激―興奮―感覚〉などの物理学的・生理学的過程を無視して、

あくまで意識に与えられる現象のうちにとどまり、その内的構造を記述しようとする哲学的立場。また、客観的世界の存在を無条件に想定する認識を根本的に変更(現象学的還元)して、事物知覚の本質構造を解明しようとする哲学的方法。

**＊32 フッサール**
一八五九～一九三八。ドイツの哲学者。『論理学研究』『純粋現象学および現象学的哲学の構想』など。

**＊33 ドン・ファン**
スペインの伝説上の人物。放蕩無頼の色事師として文学作品に取り上げられる。

**＊34 『糧』**
雑誌初出は一九三八年だが、末尾に「ナポリ、一九三五年」と記されている。イタリア旅行の見聞をもとに書かれた作品で、紛失した未完の中篇『異郷の生』の一部をなしていたと考えられる。「私は自分が巨大な肉食性の生（エグジスタンス）の中に漬かっているのを感じた」（海老坂武訳）。

**＊35 ベートーヴェン**
一七七〇～一八二七。古典派音楽の大成者であると同時に、ロマン主義音楽の先駆者となったドイツの作曲家。九つの交響曲、三十二のピアノ・ソナタなど。

**＊36 ショパン**
一八一〇～四九。ポーランドの前期ロマン派を代表する作曲家。『別れの曲』など。

**＊37 シューマン**
一八一〇～五六。ドイツの作曲家。『トロイメライ』など。

**＊38 バルトーク**
一八八一～一九四五。ハンガリー生まれの作曲

家。交響詩『コシュート』など。

**＊39　シューベルト**
一七九七〜一八二八。オーストリアの初期ロマン派を代表する作曲家。歌曲集『美しき水車小屋の娘』など。

# 第2章──人間は自由の刑に処せられている

## 自由の刑

『実存主義とは何か』の中で示された、実存主義の第二の定式は、「人間は自由の刑に処せられている」というものです。

もしはたして実存が本質に先立つものとすれば、ある与えられ固定された人間性をたよりに説明することはけっしてできないだろう。いいかえれば、決定論は存在しない。人間は自由である。人間は自由そのものである。

（『実存主義とは何か』）

そして「自由そのもの」として世界に投げ出された人間は、みずからがおこなうことの価値を、自分自身で決めていかなくてはならない。「ひとたび世界のなかに投げ出されたからには、人間は自分のなすこと一切について責任がある」と。

つまり、神は存在しないから、自分の行動を正当化する理由や逃げ口上として、神を呼び出すことはできない。価値を決定するのは神でも何でもなく、自分ひとりでしかない。そのことを「刑に処せられている」と表現しているのです。

したがって実存主義者は、人間はなんのよりどころもなくなんの助けもなく、刻々に人間をつくりだすという刑罰に処せられているのだと考える。

（同前）

であるなら「卑劣漢は自分を卑劣漢にするのであり、英雄は自分を英雄にするのだ」となる。人間は本質が実存に先立っているのではなく、あくまでも実存が本質に先立つ。したがって「人間の運命は人間自身のなかにある」というのが、彼の主張する「自由」なのです。

こうした「自由」の発見は、すでに『嘔吐』の中でも表現されていました。ただしそこでの「自由」は、かなり消極的《ネガティヴ》な表現になっています。

再びロカンタンに話を戻しますと、ある水曜日の午後遅くにとつぜん「実存」を発見したあと、彼は途方に暮れてしまう。土曜日にはパリに行って、元恋人のアニーに四年ぶりに再会し、日曜日にブーヴィルに戻ってから、ロカンタンは次の週の火曜日の日記に次のような文章を書いている。

「私は自由だ。もう生きる理由が何もないのだから。私の試みたすべての生きる理由はなくなって、その他の理由はもう想像することもできない。私はまだかなり若い、やり直すだけの力は充分持っている。しかし何をやり直すべきなのか？　恐怖と吐き気の真っ最中に、自分を救ってくれるものとして、どれほどアニーをあてにしていたことか。それが今はじめて分かる。私の過去は死んだ。ロルボン氏は死んだ。アニーが戻って来たのは、ただ私から希望をすべて奪うためだった。庭と庭との間を沿って続くこの白い道にいて、私は独りきり。独りきりで自由だ。しかしこの自由はいくぶん死に似ている」（『嘔吐』）

ここで語られる「自由」は、神も「人間の本性」もないがゆえに、私たちは自由なのだ、という積極的な高揚感とは異なるものです。むしろ試みがすべて失敗し、生きる理由からさえも解放されてしまったという消極的な自由です。

では、ロカンタンの「試み」とは何だったのか。それはどういう意味を持っていたか。一つは、ブーヴィルの町に来る前に、世界的な冒険旅行をしたことでしょう。もしかするとこれは、サルトル自身の父親が好んで洋上任務にあたっていたことと重ねられているのかもしれません。旅というのは、必ず始めと終わりがあって、日程がある。旅の時間とは日常生活の時間とは違う、ある意味では必然的な時間です。

次にブーヴィルに来て何をしていたかというと、ロルボン侯爵という人の歴史的研究をしていた。それは、歴史的人物の物語を書くということです。物語には起承転結があって、そこには秩序がある。ロカンタンはその中に自分自身の存在を入れてしまおうと思っていた。これも日常の時間とは別の時間の中に入り込むことを意味します。

アニーの場合はどうかというと、彼女もまた日常の時間とは異なる時間を生きようとした人です。彼女は、芝居に出ている女優です。芝居も、喋るセリフが決まっていて、始めと終わりがある。しかもアニーは芝居の中だけではなく、現実の生活の中でも、そのような「完璧な瞬間」というものの実現を求めていた。非常に秩序だった時間の中で、役を演じるように自分も相手も存在しなければならない。ところがロカンタンは、以前にそれを演じることに何度も失敗して馬鹿にされたのでした。

このようにかつてはロカンタンもアニーも、日常生活のような偶然的な実存とは相反する、必然的な時間の中で生きることを求めていた。ところが、実存の偶然性が世界の真理だということがわかってしまうと、すべては不条理で、根拠もなく、意味もないのだから、そうした試みは不可能であり、無駄であったということになる。

アニーも、再会したロカンタンに「あたし、変わったわ」と告げる。「芝居はもうやらない、旅をしてるの」と言って、以前より肥《ふと》り、疲れた様子で、「一種の確信があるの……肉体的な。完璧な瞬間はないって感じるのよ」と告白をする。そして、もはや情熱もなく、「だらだら生き延びるだけ」として別の男とまた旅に出るというアニーに、ロカンタンは失望と落胆を隠せない——。

## 負けるが勝ち

面白いのは、ロカンタンがそうした試みの挫折について、勝負に負けた、という言葉で表現していることです。

「私の全生涯は背後にある。それがそっくり眼に見える。その形や、私をここまで連れて来たゆったりとした動きが眼に見える。それについて言うべきことはほとんどない。勝負に負けた、それだけのことだ。三年前、私はブーヴィルにやってきた、もったいぶってだ。そのときすでに一回目のゲームに負けていた。二回目のゲームに賭けようとしたけど、これもまた負けてしまった。これで勝負に負けたのだ」（『嘔吐』）

しかも、自分が負けただけではなくて、「人は常に敗れるものであること」を知り、「勝つと思っているのは下種《げす》ども（ろくでなし）だけだ」として、負けることを人間の条件にまで拡大し、勝つことよりも、負けることを自覚することのほうを上位に置いているのです。

こういう勝ち負けの発想は、深いところでサルトルのヴィジョンと結びついています。例えば「意識と物との関係」を論じるときにもこのヴィジョンが働いている。少し難しい話になりますが、サルトルの学んだ現象学というのは、意識と物という二元論を乗り越えて現象の一元論にしようとしたものです。意識が存在し物が存在するとなると、これは二元論になる。サルトルのイメージは、意識はおのれの外に滑り出す運動であり、物に向かって「炸裂」する、そこで物についての認識が成立するのですが、そのとき意識は物にたいして「おのれを失う」と考える。フッサールの言う「意識はなにものかの意識である」という言葉をこのように理解する（『フッサールの現象学の根本理念』）。ちなみに、「負ける」ことと「失う」ことは、どちらもフランス語では「perdre」です。

行動の次元においても、サルトルの主人公は、常に負けることを選ぶ人間です。最初の戯曲『バリオナ』[*1]（一九四〇年）の主人公であるユダヤ人の青年村長バリオナも、戯曲『悪魔と神』[*2]（一九五一年）の主人公であるドイツ農民戦争[*3]の首領ゲッツも、最後に負けるとわかっている戦いに出ていく。

このことはサルトルのみならず、たとえ人生において負けても、芸術において自己を実現して自分を救うという、芸術家の伝統的なありようとも重なります。例えば詩人のボードレール[*4]にしても、ヴェルレーヌ[*5]やランボー[*6]にしても、自分の人生を破滅に追いやることによって、人生の破綻《はたん》を糧とすることによって、作品を生み出している。画家で言えば病《やまい》に加えて酒と薬物で命を縮めたモディリアーニ[*7]のように、生前はわずか一回しか個展ができなかったが、死後に高く評価されるということもある。

作家で言えばスタンダール。[*8] 生前はほとんどその作品が読まれなかった。彼は『赤と黒』（一八三〇年）の巻末に、「To the happy few」（幸運なる少数者へ）と記しましたが、これは、未来には読まれることになるだろうという一種の予言でした。

革命家の場合にも、やはりそうした発想があります。サルトルはチェ・ゲバラ[*9]のことを、「二十世紀でもっとも完璧な人間」と言っている。ゲバラはカストロ[*10]とともにキューバ革命を成功させ、英雄になりましたが、キューバ政府の要人としての地位をみずから捨て、国家元首となったカストロに別れを告げて、一革命兵士として負けるであろう国際的なゲリラ闘争に再び身を投じた。そして最後はボリビアの山中で捕えられ、銃殺されてしまいます。ゲバラは滅び、カストロは生き残ったわけですが、もしかしたら殺されたゲバラのほうがいまも人々に大きな影響を与えているのかもしれません。

このように、サルトルには「負けるが勝ち」、つまり負けることにおいて勝つ、という発想があるのです。最晩年の未完の大作であるフローベール論[*11]『家の馬鹿息子』[*12]（一九七一～七二年）には、そのものずばり「負けるが勝ち」と題された章があります。フローベールは二十二歳のときに自分が病人であることを自覚し、あるいは選択し、人生においてはそういう戦略をとったけれども、それによって文学において傑作を残すことになったというのです。

## 偶然性からの脱出

「自由」の話に戻りましょう。ロカンタンの死に似た自由というのは、この後どうなってしまうのでしょうか。アニーのように若くして「だらだら生き延びる」だけになり、たんに「食べる、眠る。眠る、食べる」だけの実存として、「あの樹々のように、水たまりのように」なってしまうだけなのか。

やがてロカンタンはブーヴィルの町を去ることになりますが、その前に行きつけのカフェに寄り、ウェイトレスがお別れにとかけてくれた、お気に入りのレコードを聴く。「Some of these days」（いつか近いうちに）という古いジャズ（ラグタイム[*13]）の曲です。バンドの演奏と、黒人の女性歌手の歌。この曲を聴くと、いつもロカンタンは幸福感を覚え、「吐き気」が消える。つまり、実存の世界から脱出することができる。なぜかと言えば、音楽という純粋で明晰《めいせき》な秩序の中に入ることができるからです。

無数の音符が時間に沿って正確に、それぞれ別の音符によって限定されている必然性の世界。その中に入ることで、不条理な偶然性の世界から逃れられる。サクソフォンによるイントロの刺すような音に、彼は「ダイヤモンドのような堅く純粋なこの小さな苦しみ」を聴き取る。音楽のリズムに合わせた純粋で乾いた苦しみ、それはこの世に実存していない、余計なものを何一つ持たない苦しみである、とロカンタンは考える。その苦しみは実存（existence）とは正反対のもので、必然として存在（être）している、と。

そのとき彼ははじめて、自分自身のそれまでの試みを理解する。自分がいままで求めていたのは、この音楽のように必然的なしかたで存在（être）したい、「自分を純粋にし、自分を硬いものにする」ということだったのだ、と――。

それからロカンタンは、遠く真夏のニューヨークのビルの一室で、灼熱《しゃくねつ》の中そのメロディを作曲している一人のユダヤ人作曲家の姿を想像する。そして黒人女性の歌声を聴きながら、「彼女は歌っている。これで二人が救われた。ユダヤ人と黒人の女だ。救われた」と思い、「彼らは実存するという罪を洗い流した」と考える。つまり彼らは必然の世界に音楽を通して入ることで、自分の実存を正当化することができたと考えるのです。

そこからロカンタンは、自分も何かそういうことができないだろうかと考える。音楽をつくるのは無理だけれど、一冊の本なら書けるのではないか。それはこれまで試みたような歴史の本ではなく、「起こり得ないような物語」で、「鋼鉄のように美しく硬いものでなければならない」。それは一篇の小説になるだろう——。このように、自分の人生を実存から救済しようと考えるところで、『嘔吐』という小説は終わります。

これがロカンタンにおける、「自由」による新たな企《くわだ》て（投企）になるわけですが、それは、たんに実存の偶然に身をゆだねて、食って眠って、「だらだら生き延びる」というのではなく、いまだこの世にない芸術作品をつくり出すことで、新たな自分をつくり出そうという行為です。

ちなみに、芸術作品というものが持つ必然的な秩序を、サルトル自身が自覚したのは、映画を見ていたときだったそうです。映画という芸術には、シーンやシークエンスが時間に沿って必然的に一つの流れをつくり出す、きわめて高度な秩序があります。ロカンタンは、人生そのものを必然的なものにするために、物語のように生きようとして失敗した。しかしこんどは物語のように生きるのではなく、物語をつくろうとする。偶然的な実存の世界を去ることはできないけれど、その世界の中で一つの必然的な秩序を持ったものをつくろうという方向にいくのです。

「一冊の本。むろんそれは初め、退屈で疲れる仕事でしかないだろう」。けれども、つくることとそのものに意味がある。だから、「そのときおそらく私は本を通して、自分の人生を嫌悪感なしに思い出すことができるだろう」。このように芸術作品をつくるという行為自体に、価値を認めるのです。

では、その後ロカンタンはそれに成功したのでしょうか。プルーストの小説『失われた時を求めて』[*14]では、語り手は最後に小説を書く決意をし、その小説が『失われた時を求めて』になります。同じように、ロカンタンが書いた小説が『嘔吐』なのでしょうか。

おそらくそうではないでしょう。というのは、小説の巻頭に置かれた「刊行者の言葉」の中にこんなふうに仄《ほの》めかされている。「これらのノートはアントワーヌ・ロカンタンの書類の中から発見された。われわれはいっさい変更せずにこれを刊行する」と記されています。つまりロカンタンは、どこかで野垂れ死にしたか、あるいはどこかの精神病院に入っているのかもしれない、という想像もできるのです。

## 「全体化」の欲望

ところで、『嘔吐』はサルトルが作家として認められた出発点なのですが、同時にそれまでの未完の著作の到達点でもありました。当時の自分の欲望やコンプレックスや夢、愛や憎しみや嫉妬《しっと》といった感情をすべてこの作品に投入しているのです。『嘔吐』には、それ以前に書いた青年期の習作群（代表的なものとして『ある敗北』[*15]一九二七年、『アルメニア人エール』[*16]一九二八年）を「全体化」しようというサルトルの野心を垣間見ることができます。登場人物であったり、形式であったり、方法であったり、それらを考え直し、つくり直して、もう一度新しい作品の中に入れてしまうという「全体化」です。

実はサルトルは何回かそうした「全体化」を試みています。その後の未完の大作『自由への道』[*17]（一九四五、四九年）では、戦前から戦中にかけての自分の思想、感情を投入して、それまでの自分の作品すべてをもう一度つくり直した観がありますし、晩年のこれまた未完の大作であるフローベール論『家の馬鹿息子』は、自分のそれまでの哲学を構築し直して、その作品中にすべて叩き込んでいます。

ここでは、若きサルトルがどのように自分の〈生体験〉を作品の中に投げ入れ、表現をとおしてこれを乗り越えようとしているかを、身体的特徴にまつわる三つのテーマについて見てみましょう。

『嘔吐』の後半、ロカンタンがブーヴィルの町を去ることに決めたあと、図書館で「独学者」という登場人物が少年にいかがわしい行為をする場面があります。それを見たコルシカ人の司書が怒って独学者を罵《のの》り、パンチを食わせる。その様子を目撃したロカンタンは腹を立ててコルシカ人の襟首《えりくび》を摑んで持ち上げるのですが、何という力持ち！

私は何度目かに読んだときにはじめて気づいたのですが、ロカンタンは大男として設定されているのです。

背丈の問題は、初期のサルトル作品の中でとても重要ですが、『嘔吐』にもいくつかの箇所ではっきりと記されています。このコルシカ人や、カフェに出入りするある老人は背が低い。対して、美術館の肖像に描かれた町の名士の一人は、実際は小男にもかかわらず画家が大きな男に見えるように描いている。またアニーが一緒に旅立つ恋人は、若くて美貌で、背がとても高いのです。

次の小説『自由への道』の主人公マチウも大男で、「労働者のように大きな手をしている」とありますが、ではサルトル自身はどうかといえば、身長一メートル五十七センチ。私が握手したことのある手は、びっくりするくらい指が短く、小さな手でした。にもかかわらず、不思議なことにサルトルは「自分は小さいと感じたことはない」し、作品の主人公のことを「彼らは僕自身だった」と語っているのです。

ただし「醜さ」については自覚的でした。だから若い頃には、「黄金の弁舌の力によって女をものにする、教養あるドン・ファン」になろうと夢見ていた。後年その夢を実現したサルトルは、「あなたはいつも美しい女性を連れて歩いている。どうしてなのか？」と聞かれて、「私が醜いのだから、両方醜かったら困るだろう」と答えている。

『嘔吐』のロカンタンを見てみましょう。彼はしばしば鏡の前に立ちます。ナルシストなのかというとちょっと違って、彼は顔を見ずにまず自分の赤毛の髪の毛に見とれる。そして顔を見るときは、鏡に触れんばかりに近づけて、異様に細部を拡大することで意味や人間らしさを消し、もはや美しいも醜いもなくしてしまう。そうやって美醜の区別を消してしまおうとするロカンタンすなわちサルトルは、「アンチ・ナルシス」とも呼べるでしょう。後になると、「鏡の中の自分を沼地として見る」、「意味を持たない輪郭」として見るようにした、とサルトルは語っています（『別れの儀式』[*18]）。

サルトル二十二歳のときの習作『ある敗北』の主人公フレデリックは、唯一サルトルそっくりの身体的特徴を持っている人物で、小男です。それだけでなく、彼はサルトル同様片眼が見えず、またサルトルの甲高くかすれた肉声と似て、「奇妙な声」をしています。そして何より「醜い」若者です。彼はロカンタンと同じように鏡に顔を近づけて、「俺はそれほど醜いわけじゃない」と自分をなぐさめ、もはや醜いのか美しいのかわからないという未決定の状態にします。

ロカンタンの「力」の問題も、この初期の習作とつながっています。フレデリックは、「優雅な浜辺でテントの下、若い娘たちとおしゃべりしている白いズボンの若者」というイメージを理想としていた。ところがあるとき、それがうまくいかないことに気づいて、こんどは筋骨たくましく、荒々しい若者という自己イメージを描き、「力」に取り憑かれていくのです。つまり、サルトル自身のコンプレックス、それを処理する仕方、それが初期の習作からずっとつながって、『嘔吐』の中に「全体化」されているというわけです。

## 自由の契約――サルトルとボーヴォワール

さて、これまで見てきたように、『嘔吐』におけるロカンタンの実存の発見は、私たちの世界が、また私たち自身が、偶然であり、不条理であり、無償であり、余計なものである、という認識に通じ、この認識は『実存主義とは何か』では、そうであるがゆえに人間は自由であり、主体性から出発するという、もう一つの認識へと通じていきます。

しかし自由とは、単に世界や人間の認識の問題にはとどまりません。他人との関係、社会との関係における行動の自由の問題がある。じっさい、主として戦中に書かれた『存在と無』においては、自由は行動の問題として論じられ、「行動の第一条件は、自由である」という一章が設けられています。これについては第3章に譲り、ここでは他人との関係、とりわけ男女関係について途方もなく自由に振る舞ったサルトルとボーヴォワール、その二人の関係について少し触れておきましょう。言うまでもなくシモーヌ・ド・ボーヴォワールは『第二の性』の著者であり、この本は全世界の女性に広く読まれ、二十世紀後半のフェミニズムの展開に大きな影響を与えました。

サルトルが恋人同士になってすぐのボーヴォワールに対して「必然的な恋」と「偶然的な恋」のどちらも必要であると説いたことは、前章でも少し触れました。ではこの「偶然的な恋」の自由という申し出をボーヴォワールはどのような気持ちで受け入れたのでしょうか。たしかにそこには「必然的な恋」という殺し文句が添えられていたのですが、二十歳の娘にとっては決して受け入れやすい口説き文句ではなかったでしょう。

しかしとにかくボーヴォワールは受け入れたのです。また「二年間の契約」、一種の「契約結婚」を申し出られたときにもこれに同意した（『女ざかり』）。いまの時代の別居婚、パクス（連帯市民協約）あるいはユニオン・リーブル（自由結婚＝同棲）の先取りです。契約というのは契約した人をしばるのが特徴ですが、この二人の「契約」はお互いに縛り合わないという形の恋愛契約で、きわめてユニークなものです。

ボーヴォワールがこれを受け入れたのは、若さの気負いか背伸びか、あるいはこれは原則の問題であって実行の可能性は少ないとふんでいたのか、あるいはまた相手の眼に映る自分の像、若く美しく知的な魅力あふれる自分の像に絶対の自信を持っていたのか。いやボーヴォワールのほうにも積極性を認めて、彼女自身「偶然的な恋」を求めていたと考えるべきなのか。たしかなことは二人ともこの自由を充分に行使したということです。

当初は、この自由をふんだんに行使したのはサルトルだとみられていた。ベルリン留学時代は勉強のかたわらフランス人の既婚女性とデートを重ねているし、帰国後はボーヴォワールの教え子であったオルガに首ったけで、三人でトリオを組んで遊んでいる。オルガには結局振られて、代わりにその妹のワンダを恋人にしている。戦後すぐアメリカに招かれたときにはアメリカ人の女性と親密になり、その後の彼女との付き合いにはさすがのボーヴォワールも不安になったらしい。五〇年代になるとボリス・ヴィアン夫人であったミッシェルが公認の恋人になる。六〇年代になるとユダヤ系アルジェリア人の少女アルレットと知り合い、彼女を養子にしている。『カップル』の著者アクセル・マドセン[*19]によれば、アルレットは一時期、サルトルの恋人であったとのことです。

このように、サルトルの人生のどの時期にも一人または二人の「偶然的な恋」の対象が存在し、彼は晩年にいたるまで、そのほとんどすべての相手と律儀に付き合い続けている。朝九時頃に起きて十時から午後二時まで四時間の仕事、それから外出して一週間毎日違う女友だちとレストランで食事をし、五時頃帰宅してまた九時まで四時間の仕事、そのあとは近所に住むボーヴォワールの家で簡単な夕食をとり、おしゃべりをする。それがサルトルの晩年の生活でした。

これに対してボーヴォワールはどうだったか。公式の伝記によれば、一九四七年アメリカに講演旅行で出かけ、そのとき作家のオルグレン[*20]と知り合い、三年間遠距離恋愛を続けていた。これについては厖大な恋愛書翰が残され、死後刊行されています。またこの恋愛が終わって二年後、今度はサルトルの主宰する「レ・タン・モデルヌ」(Les Temps Modernes「現代」の意)誌の編集に加わってきた十七歳年下のジャーナリスト、クロード・ランズマン[*21](後に映画『ショアー』[*22]を製作)と親しくなり、しばらくは二人で同棲生活もしています。しかしどちらかというとボーヴォワールには「偶然的な恋」の対象がいなかった時期が長く、〈自由の契約〉を活用する機会もあまりなかったのではないか、彼女は官能の人というよりは理知の人ではないかと考えられていたのです。

ところがです。やはり彼女の死後に刊行されたサルトルの『奇妙な戦争――戦中日記[*23]』やボーヴォワール自身の『戦中日記』『サルトルへの手紙』はこうしたボーヴォワール像を吹き飛ばしてしまいました。これまで読者に隠されていた複雑な人間関係が次々に明るみに出てきたのです。まず、サルトルが必死に追いかけていたオルガとは彼女自身特別な関係にあったようです。トリオは文字通り三角関係だったわけです。そればかりでなくサルトルの教え子でオルガの恋人となったボスト青年を山登りの旅の間に自分の恋人にしてしまった。そしてお互いに隠し事をしないという〈透明性の約束〉を守ってこのことをサルトルにもすぐ告げている。このボストはやがてジャーナリストとなりオルガと結婚するのですが、最後までボーヴォワールと親しい仲だったとのこと。彼はまた最後までサルトルの親友でもあり続けたのです。

もう一つは戦争中の教師時代に二人の女子学生と親しくし、彼女らを代わる代わる自分の住んでいるホテルに呼んでいる。しかもそのうちの一人はサルトルとも付き合っていた少女であり、ここでも文字どおり三角関係が成立していたのです。そうかと思うと、ボーヴォワールは繰り返し出征中のサルトルに「会いたい」と涙を流してもいる。といった具合に、彼女の日記や手紙にはサルトルとボストという二人の男に毎日手紙を書き、二人の娘と毎日ランデヴをしているボーヴォワールの感情生活、官能生活がしっかりと書き込まれているのです。世のモラリストたちには許しがたい光景でしょう。ボーヴォワールはフェミニズムの母というだけではなく、性の解放を徹底的に生きた二十世紀の自由思想家《リベルタン》であったとも言える。

もちろんそこには決して美しいとは言えない欲望のエゴイズムがあります。自由の契約、関係の透明性と言いますが、それは二人のあいだでのことであって、「偶然的な恋」

の対象、第三者はどう考えるかという問題がのこるでしょう。またボーヴォワールが自分のレスビアニスムへの傾向、バイセクシュアルであることを隠していたのは何故か、という問題もあります。いずれにせよ、こうした強烈な欲望を考察の対象からはずすとき、「他者」についての西洋の言説一切が、私たちの頭を素通りしていくのではないかと私は考えます。

二人のあいだに嫉妬という感情が湧くことはなかったのか。ボーヴォワールの回想録を読むと、明らかにサルトルと二、三の女性との関係に嫉妬している。とりわけオルガにサルトルが夢中になったときはいささか慌てている。

他方サルトルはボーヴォワールについては嫉妬をしなかったようです。これは考察に値することですが、ワンダを恋人としたときにはその男関係に嫉妬している。前線でもらった手紙の中に別の男の名前が出て来ることで苦しんでいます（『奇妙な戦争』）。

一九七二年、パリでサルトルに会う機会がえられたとき、インタヴューの最後に私が、失礼を顧みず「嫉妬したことがありますか」と聞いたところ、彼はひと言、「ない」と答えたのですが、これは真っ赤な嘘でした。自由を認め合うためには嫉妬という代償を支払わなければならない場合もあるということです。

サルトルとボーヴォワールとの性的な関係はおそらく戦争中ですでに終わっているの

でしょう。その後は同志の関係になったと言ったらよいでしょうか。定義は何であれ二人は結婚という形をとらぬまま、また同じ住居に暮らすことがないまま、終生信頼し合うパートナーであり続けた。いやむしろそれぞれの独立を保持したからこそ、そして〈自由の契約〉を結んだからこそ長続きした、と考えることもできるでしょう。何十年もほとんど毎日会っていながら会話が途絶えることもなかったとするなら、そこには単なる恋愛関係以上のもの、まさしく「必然的な恋」なるものの魔力が働いていたのかもしれません。二人がお互い作家同士だったということも大きかった。『別れの儀式』にはサルトルが失禁してズボンの前を濡らした、といったことまで書き込まれています。そのため何人からかの批判を招いたのですが、これも、事実についてきちんと書きとめておく、という作家精神の現れと考えれば理解ができなくもありません。

死の数日前、サルトルは眼を閉じたままボーヴォワールの腕を取り、こう言ったそうです。「きみが大好きだよ、カストール」（カストールは愛称）。そして死の前日、やはり眼を閉じたまま唇を差し出したとのこと。サルトルの最期の言葉、最期の仕草です。サルトルが息を引き取った夜、ボーヴォワールは一人病室に残り、明け方まで遺体の横に身を横たえていたようです。

**＊1 『バリオナ』**

――ローマ圧政下のユダヤの寒村。青年村長バリオナは、ローマへの抵抗の姿勢を崩さない。メシア（キリスト）誕生と聞いても、キリストを、諦めを説く小羊であると考え、その殺害のためベツレヘムの馬小屋に忍び込む。しかし赤子に注がれる父ヨセフのまなざしに〈希望〉を読み取って思いとどまり、その殺害を狙うローマ人からキリストを落ちのびさせる。

**＊2 『悪魔と神』**

――絶対の「悪」を自認する武将ゲッツは、サイコロの賭により逆に絶対の「善」たらんことを目指し、領地を農民に与えて平等の楽園「太陽の町」を建設する。しかし農民一揆への参加を拒んだ太陽の町は焼滅し、農民軍も領主軍に殺され、善の追求は悪の結果を招く。今や人間の中の人間たることを望むゲッツは、農民軍の指揮官となって闘う決意をする。

**＊3 ドイツ農民戦争**

一五二四〜二五年、十分の一税・農奴制廃止を求めてドイツに起こった、領主層に対する大規模な農民蜂起。『悪魔と神』の主人公ゲッツは実在の武人で、皇帝や諸侯の傭兵隊長を務めたが、この戦争では反乱農民に加担して闘った。

**＊4 ボードレール**

一八二一〜六七。フランスの詩人、批評家。『悪の華』など。

**＊5 ヴェルレーヌ**

一八四四〜九六。フランス象徴派の代表的詩人。日本では上田敏訳による「落葉（秋の歌）」（秋の日の／ギオロンの…）で知られる。

**＊6 ランボー**

一八五四〜九一。フランス象徴派の詩人。ヴェルレーヌとともに放浪の日々を送った。『地獄の季節』など。

**＊7　モディリアーニ**
一八八四〜一九二〇。イタリアの画家。セザンヌおよびフォービスム・キュビスムの影響を受けた。哀愁を帯びた人物画が多い。

**＊8　スタンダール**
一七八三〜一八四二。フランス近代小説の先駆者。「To the happy few」は『赤と黒』だけでなく、『パルムの僧院』など他の作品の末尾にも置かれた献辞。

**＊9　チェ・ゲバラ**
一九二八〜六七。アルゼンチン生まれの革命家。キューバ革命を含めラテンアメリカ各地の革命に参加し、ゲリラ闘争を指導。ボリビアで革命闘争中、捕えられ、射殺された。

**＊10　カストロ**
一九二六〜二〇一六。フィデル・カストロ。キューバの革命家、首相・国家評議会議長（在任一九五九〜二〇〇八）。一九五三年にバティスタ政権下での蜂起に失敗した後、亡命先のメキシコでゲバラと出会い、五九年一月にキューバ革命を成功させた。

**＊11　フローベール**
一八二一〜八〇。フランスの作家。写実主義文学の確立者。代表作に『ボヴァリー夫人』など。

**＊12『家の馬鹿息子』**
フローベールがいかにして作家となったかを家族史から巨細に検討し、その独自性と普遍性を追求した評伝。第三部まで出版した（その部分だけで原書約三千ページ）が未完に終わった（一九七〇−七二年刊）。

**＊13　ラグタイム**
十九世紀後半、アメリカに起こったピアノ音楽。作曲家・演奏家に黒人が多く、シンコペーションの多用が特徴。ジャズの前身とされるが、即興演

奏はおこなわない。

**＊14　『失われた時を求めて』**

プルーストの〈虚構の自伝〉といわれる長篇小説（全七篇。一九一三〜二七年刊）。幼少期の恋、見栄とスノビズムと醜い人間関係に満ちた社交生活の回想の果てに語り手（私）は、すべての人に流れた〈時〉を見つめ、死の近いことを感じながらも、「ただ一つの、同時に普遍的な生」を書きあげることを決意する。

**＊15　『ある敗北』**

パリの高等師範学校の学生フレデリックは、著名な作曲家の家に家庭教師として雇われ、そこで妻コジマと出会う……という設定の未完に終わった小説。哲学者ニーチェと作曲家ワーグナーの妻コジマとの恋にヒントを得たという。

**＊16　『アルメニア人エール』**

未完の哲学小説。プラトン『国家』最終章の「エールの物語」を借りて、冥界を旅する主人公を描く。主人公エールは、死後に再生し、「世界」「善と悪」についての自分だけの真理を求めて、神々の住むオリンポスへと旅立つ。

**＊17　『自由への道』**

第二次世界大戦の時代に生きた人々を通して「真の自由」を探求しようとした、未完の長篇小説。哲学教師マチウと彼を取り巻く多数の人物たちの運命が、ミュンヘン会談やパリ陥落などの世界史的出来事を背景に重層的に描かれる（一九四五－四九年刊）。

**＊18　『別れの儀式』**

サルトルの最期を跡づけたボーヴォワールの著。サルトルの死の翌年（一九八一）刊。サルトルの晩年十年間の自身の日記をもとに、ボーヴォワールが「自分が生きたとおりに語った」前半と、未発表の長い「サルトルとの対話」からなる（朝吹三吉・二宮フサ・海老坂武訳、人文書院、一九八三)。

**＊19　アクセル・マドセン**

一九三〇〜二〇〇七。デンマーク系アメリカ人の伝記作家、ジャーナリスト。他に『イヴ・サンローランーデザインに生きる』など。

**＊20　オルグレン**

一九〇九〜八一。ネルソン・オルグレン。アメリカの作家。『朝はもう来ない』『荒野を歩め』『黄金の腕』など。『朝はもう来ない』を読んで感銘を受けた寺山修司はオルグレンに手紙を送り、それをきっかけに友人となった。

**＊21　クロード・ランズマン**

一九二五〜二〇一八。フランスの映画監督。『ショアー』以外にも『不正義の果て』、自伝に『パタゴニアの野兎』がある。

**＊22　『ショアー』**

ナチスのホロコーストを扱った、上映時間九時間三十分にもおよぶドキュメンタリー映画。被害者であるユダヤ人、加害者であるナチス、「傍観者」であるポーランド人と主に三つのカテゴリに分類される人々へのインタビューを中心に構成されている。

**＊23　『奇妙な戦争――戦中日記』**

一九八三年に刊行された、サルトルの第二次世界大戦開戦時に始まる日記。一九三九年九月から八か月の間、サルトルが動員・配属された独仏国境では、両軍が塹壕越しに対峙したままで戦闘の起きない〈奇妙な戦争〉が続いた。この間、あり余る時間を得たサルトルが、思索や読書についてはもちろん、ボーヴォワールをはじめとする女性との関係についても率直に書き綴った。

# 第3章 — 地獄とは他人のことだ

## アンガジュマンとは何か

実存主義と切り離して考えることができないのが、「アンガジュマン」という考え方です。それは、何らかのかたちで行動の次元での他人との関係を想定している。そこで本章では、アンガジュマン思想の成立過程と、サルトルにおける「他者」の問題を考えてみたいと思います。

アンガジュマンの動詞形はアンガジェ（engager）すなわち「拘束する、巻き込む、参加させる」という、ごく普通の動詞です。これがフランス語でいう代名動詞になると、「自分を拘束する、自分を巻き込む、自分を参加させる」という意味のサンガジェ（s'engager）となり、自分をアンガジェするということになって、そこから名詞のアンガジュマン（engagement）が導き出されてくる。ですからアンガジュマンは、「自分を拘束すること、自分を巻き込むこと、自分を参加させること」という意味になる。

では何に拘束されるのか、巻き込まれるのか、参加するのか、というと、そのときには何らかの行動が想定されている。『実存主義とは何か』で例に挙げられているのは結婚です。たしかにそれは同時に他人をも拘束する個人的行為ですが、サルトルは話を広げてひいては人類全体をアンガジェするとまで言っている。

ただ、アンガジュマンという言葉は、とりわけ政治的行動について使われることが多く、日本語としても、だいたいは「政治参加」「社会参加」あるいは「現実参加」という言葉に訳されています。ちなみに英語で言うと、エンゲージメント（engagement）は奇しくも「婚約」ですから、むしろコミットメント（commitment）となります。

アンガジュマンという言葉自体は、サルトル以前にもアンドレ・ジッド[*1]が同じような意味で使っていました。ただ、サルトルの実存主義宣言（講演「実存主義はヒューマニズムである」）とアンガジュマン宣言（「レ・タン・モデルヌ創刊の辞」）が同じ一九四五年十月におこなわれ、強い影響力を持ったところから、アンガジュマンと言えばサルトル、そして実存主義、という風に結びつけられたのです。

日本でも、「政治参加」「社会参加」という言葉は、戦後すぐに市井《しせい》に浸透していきました。しばしば小説の主題にもなり、議論の種にもなっている。たとえば堀田善衛《よしえ》[*2]の芥川賞受賞作『広場の孤独』[*3]（一九五一年）。この小説のテーマがまさに「コミットメント」つまりアンガジュマンで、作中にサルトルの名前も出てきます。朝鮮戦争勃発当時の日本社会が背景になっていますが、当時の日本はアメリカの占領下ですから、反動的な新聞社で渉外部の仕事をしている主人公は、そこで働くことは米軍の戦争にコミットすることになるのではないかと悩んでいる。主人公の妻も巻き込んで、政治的、社会的な様々なレベルのコミットメントの問題が扱われていきます。

　アンガジュマンはそのように、自分だけでなく他人をも関わり合いにする。その場合の他人とは、行動を共にする人、あるいは行動を共にできる人、さらには行動の目的となる人ということです。

　ここはもう少し説明が必要かもしれません。この時期のサルトル哲学に対しては、「人間を個々の主体性（主観性）にとじこめる」という批判がよくなされました。これに対してサルトルはこの本の中で次のように答えています。なるほど実存主義の出発点は個人の主体性（主観性）である。それはデカルトの「われ考う、故にわれ在り」、すなわち意識による意識の自己把握を絶対の真理と考えるからだ。しかしそれは厳密に個人の主体性（主観性）ではない。デカルト哲学とは反対に実存主義は「われ考う」によって、「他者の面前でわれわれ自身を捉える」と。つまり「われ考う」によって自己をとらえる人間は、「すべての他者をも発見する。しかも他者を自己の存在条件として発見するのである」。このように、デカルト哲学を批判的に継承しながら、われと他者との関係を「相互主体性（主観性）」という世界の中に位置づけています。

　以上はいわば認識の次元での話ですが、倫理―価値判断の次元ではどうなるでしょう。われと他者とをつなぐものは何か。サルトルは、それは「自由」だと考えます。あらゆる価値の基準は「自由」である、と。そしてこう書いている。

われわれは自由を自由のために、しかも個々の特殊事情をとおして欲する。ところが、われわれは自由を欲することによって、自由はまったく他人の自由に依拠していることを発見する。むろん、人間の定義としての自由は他人に依拠するものではないが、しかしアンガジュマンが行なわれるやいなや、私は私の自由と同時に他人の自由を望まないではいられなくなる。他人の自由をも同様に目的とするのでなければ、私は私の自由を目的とすることはできないのである。（『実存主義とは何か』）

つまり、人間が自由な主体としてみずからを投企し、何らかの行動を選択するとき、その目的は他人の自由だというのです。

けれどもこのような「他者の認識」というものは、戦前からのサルトルの認識ではなく、アンガジュマンと同じく、戦争体験の中で身につけていった認識です。そこで、サルトル自身の戦争体験とはどのようなものだったのかを探りたいと思いますが、その前に、まずは戦前のサルトルにとって、他者とはどのような存在であったのかを見てみましょう。

## 「さらば、下種どもよ」

もう一度『嘔吐』を参照しましょう。物語の半ばで、ロカンタンは町の美術館を訪れる。そこにはブーヴィルの町のお偉方たちの肖像画がずらりと掲げられている展示室があります。

ロカンタンはその展示されている肖像の視線が自分の上に注がれていると感じる。しかも単に注がれているだけではなく、何かしら自分が批判されているように感じるのです。そこに描かれているお偉方というのはこの町のエリートたちで、この町の歴史をつくった人たち、この町の発展に貢献した人たちです。一方のロカンタンは何者でもない、よそ者であり、ニートであり、無価値な人間です。彼ら「指導者」たちから見れば、自分は単なる「兵卒」にすぎないと感じる。

何よりも「権利」の意識があるかないか、というところに大きな違いを見出します。その指導者たちは、あらゆることに権利を持っている。「生きることに、仕事に、富に、指揮することに、尊敬されることに、そして最後は不死に対しても」権利を持っている。さらに「息子として、夫として、父親として、指導者としての義務」も果たしている。対するロカンタンは、独り者であり、父親でもなく、夫でもない。選挙にも行かない。税金はほんの少ししか納めていない。要するにマージナルな人間で、自分は社会的に何の権利も持っていない人間であると感じている。

「私は存在する権利を持っていなかった。私はたまたまこの世界にあらわれたのだ、石のように、草木のように、微生物のように存在していた」（『嘔吐』）

指導者たちが存在する権利があると思っているということは、自分たちは必然的な存在であると思っていることになる。偶然的に実存する人間ではない。ここにも「偶然」と「必然」の対立が出てきます。

ところが、ここで不思議な逆転が生じるのです。ロカンタンが突如、肖像画の視線を眺め返す側に回る。すると、指導者の顔から権利の輝きが消えていく。それまでロカンタンは眺められている単なる兵卒にすぎなかったのだけれど、眺め返すことによって、相手の威厳が成り立たなくなる。何があとに残るかというと、単なるぶよぶよした猥褻《わいせつ》な肉体、「穴のない眼、死んだ蛇のようなうっすらとした唇」にすぎなくなっていく。これは、「眺める」「眺められる」という視線の対決、まなざしの決闘と言ってもよいものでしょう。自分を眺め、自分を裁いているまなざしを眺め返して、相手を逆に裁き返すという心の反転です。

こうしてロカンタンは、美術館を出ていくときに、彼ら指導者たちに向かって、「さらば、下種《げす》どもよ」とつぶやくことになります。

この台詞は、私が最初に読んだ白井浩司訳では、「さらば〈ろくでなし〉よ」と訳されていました。原語は「サロー」(salaud)ですから、品行不良や無能力な人間に向けられる「ろくでなし」よりも意味が強く、「下種」とか「豚野郎」などと訳すべき罵り言葉です。それでも若き日の私にもそのニュアンスは伝わり、それ以来、私はむやみに偉そうにしている周囲の大人たちに向けて、「この〈ろくでなし〉どもめ！」と心の中で毒づくようになったことを覚えています。もちろんこれは傲慢《ごうまん》な若者だった頃の話ですが、そこには私自身の思想の萌芽《ほうが》のようなものと、確かに共鳴するものがあったのです。

さて、この『嘔吐』には、前にも述べた「独学者」という他人が登場します。この奇妙な人物は、図書館に通って、アルファベット順に本を借りて読んでいる。あらゆる知識を吸収しようとしている。この人物に対して、ロカンタンは特に悪意を持ってはいない。それはおそらく、独学者もまた社会からのはみ出し者であり、孤独な人間であると知っているからなのでしょうが、ただし、この男に関心があるかというと、けっしてそうではない。

ある日、ロカンタンは独学者とレストランで昼食を共にする。彼ははじめ会話にほとんど無関心で、テーブルの蝿《はえ》をつぶしたり、他の客たちを観察したり、若い男女の客の会話に気を取られたり、独学者の食欲に注目したりしている。ところがやがて独学者は熱心にヒューマニズム論をぶちはじめます。最初ロカンタンはこれをせせら笑っているのですが、だんだんとつまらぬ議論に首を突っ込んでしまったことに激しい嫌悪を覚えはじめる。独学者は善意あふれる人間愛を共有しようと、ロカンタンに顔を近づけてくる。そのときロカンタンはしゃべる言葉を失い、噛んでいたパンを飲み下すこともできなくなる（この場面は、サルトルのヒューマニズム論との関係でもきわめて興味深いのですが、「ヒューマニズム」については、次章で改めて取り上げることにします）。

ロカンタンの頭の中ではこんな言葉が鳴っている。「人間を愛さなければいけない。人間は素晴らしい」。ここで彼はかつてないほど強烈な「吐き気」の発作に襲われる。そしていきなり席を立ち、握りしめていたデザート用ナイフを皿に投げ出すと、錯乱したヴィジョンの中で「一匹の蟹」となり、「人間くさい」レストランを逃げるように出て行ってしまうのです。

このとき、独学者をはじめとするすべての他人のまなざしが、ロカンタンに注がれる。ロカンタンは店の外へ出る前に辛うじて振り返り、「みなの記憶に刻みこまれるように」自分の顔を見せるのですが、彼はレストランの人々の恐怖と好奇の視線に一方的にさらされるのみ。もはやロカンタンには眺め返して、彼らの視線と対決する余裕はなかったのです。

## 他者のまなざし——『存在と無』

ところで、このような他者との関係、他者をまなざしとしてとらえる見方は、戦前から戦中にかけて書かれ、ドイツ軍占領下の一九四三年にひっそりと出版された『存在と無』の中にも中心テーマとして持ち込まれています。

『存在と無』は、副題として「現象学的存在論の試み」と名づけられている哲学の大著です。「緒論　存在の探求」に始まって、第一部「無の問題」、第二部「対自存在」、第三部「対他存在」、第四部「『持つ』『為す』『ある』」の四部構成になっている。

この本の狙いは意識の自由の存在論的な証明である——などとまとめてみても、原書で七百ページをこえる大著について何も言っていないに等しく、この本を解説するには、たぶんそれだけのためにもう一冊の本が必要でしょう。

ですからここでは、本章のテーマである他者との関係について論じたところにしぼって、第三部の「対他存在」から要点のみ記します。ただしそのための前提として少しばかり、存在をめぐる哲学用語について説明しておかねばなりません。

まず存在は、「即自」と「対自」の二つに分類されます。「即自存在」は、事物とか世界という言葉に置き換えることができます。一方、「対自存在」は、とりあえず意識という言葉に置き換えてみるとわかりやすいでしょう。

「即自」である事物は「それがあるところのものである」、したがって存在として充実しているのに対して、「対自」である意識は、「それがあらぬところのものであり、あるところのものであらぬ」、つまり「あらぬ」＝「無」という否定的なあり方でしか存在しません。

けれどもこの世界での関係は、私と物、「対自」と「即自」との関係だけではない。他人がいます。その他人との関係をどう考えるか。これが第三部「対他存在」で扱われていることです。他人とは一方で私が見ている対象ですが、他方では私を見ている主観です。そのとき私は相手の対象になる。「対他存在」とは、この他者から見られた対象としての私のことです。自分の意識の中に、「自分に対する」存在としての「対自」だけではなく、「他者に対する」存在としての「対他」があるということです。

さて、こうした「対他存在」をつくり出すのは他人のまなざしです。この観点からすると、他人とは自分にまなざしを向けている者となる。そして驚くことに、『存在と無』の中ではまなざしを向けられること自体が「他有化」であるととらえられているのです。「他有化」の原語は「アリエナシオン」(aliénation) で、普通は「疎外」と訳されています。もともと、「他人のものになる」「他人に譲渡する」の意で、そこから意味が拡げられ、「自分がつくった物の中に自分がみとめられない」「自分がつくり出した物に逆に支配される」といった意で使われるようになる。

例えばマルクスは、疎外という言葉を、外的条件によって自分が自分の主人でなくなること、事物の奴隷になることの意味に使っている。サルトルの使い方もこの意味からそれほどはずれてはいないのですが、問題は疎外―他有化を生み出すのは何か、ということです。マルクスでは、資本主義制度の下での労働です。初期のサルトルはごらんのとおり、「まなざし」なのです。したがって、マルクスの場合は疎外の克服のためには社会変革が必要となるのですが、初期サルトルの場合は、意識の変革、意識の努力が求められる。

それにしてもサルトルはなぜまなざしを向けられることを他有化と考えるのか。考えの筋道はこうです。私はまなざしを世界に向けることによって世界の意味を構成し、所有していた。ところが他人のまなざしが出現すると、今度は他人が私の世界を構成し、所有し、私の世界は盗まれる。それればかりか、他人が私にまなざしを向けると、私についての評価が相手に委ねられ、自分が自分のものではなくなってしまう、と。しかし他人がいるかぎり、そして他人が自由であるならば、私がこうした他有化を蒙《こうむ》るのは当然のことです。そこでサルトルはこれを「自由の受難」と呼び、「人間の条件」と考えている。

問題は、そうした疎外─他有化、例えばこちらを「卑怯者」とみなす相手に対して、どう反応するかということです。ロカンタンの場合、肖像画の場面では、相手のまなざしに対決して眺め返しました。『存在と無』においても疎外─他有化からの脱出の道はやはりまなざしに求められています。ただロカンタンの場合は相手が単なる肖像画でした。ところが、相手が生きている人間だとそう簡単にはいかない。生身の人間の場合には、まなざしを向ける者とまなざしを向けられる者との間に「葛藤─相克」が起こります。サルトルはこの相克を、他者に対する二つの態度──その極端な態度はマゾヒズムとサディズム──として分析するのですが、これは省略しましょう。

他者の意識とのこうした相克の関係を極限的なかたちで表現した作品としては『存在と無』の少し後に書かれた『出口なし』（一九四四年）という戯曲があります。これは死後の世界という設定ですが、「第二帝政式サロン」であるその舞台はどうやら地獄のようです。そこで男一人女二人の三人の死者が、お互いを眺め合っている。そしてお互いに相手のことを決めつけていく。そのとき、相手から決めつけられた自分を救うには、もう一人の第三者に救いを求めるしかありません。これはごく普通の職場などでもありがちなことで、上司から「無能」呼ばわりされてしまった人は、他の同僚に「そうではない」と言ってほしい。それが一つの解決法です。

ところが、彼らは三人とも死者で、神の裁きというよりも、生者からのまなざしによってすでに罪人だと決めつけられ、地獄に落ちていますから、もう自分の生前の行為の意味を修正することができない。しかもこの地獄には肉体的な責苦すらない、ただの平凡な部屋です。劇の終盤に、「卑怯者」と決めつけられた男が叫ぶ、「地獄とは他人のことだ」[*4]という有名な台詞に、その極限的な状況が集約されています。

## 差別と『聖ジュネ』

『出口なし』とはちがって、生きている人間には「対他存在」を修正することは可能です。「卑怯者」と言われたら、「いや、そうではない」と異議申し立てができる。しかし問題は、そういう他有化のまなざしには、単純には異議申し立てができない場合もあることです。たとえば人種差別です。

人種差別は、多くの場合、何らかの客観的な事実、皮膚の色とか、人種とか、文化的所属とか、そうしたことを口実にしてなされますが、差別する側にとっては、それが当然のようにマイナス価値を付着させている。黒人である、ユダヤ人であるという客観的な事実が、憎悪や軽蔑《けいべつ》のまなざしの対象になっている。この場合、差別を受けた者としては、「私は黒人ではない」「ユダヤ人ではない」と言うことはできない。そう言うとすれば、一種の欺瞞《ぎまん》になるでしょう。

ではどうするかというと、それを引き受ける以外にはない。でもそこには、二つの引き受け方がある。一つは、劣等感を持ちながらもやむを得ず引き受ける仕方で、こちらから相手のまなざしに近づいていこうとする。日本人の場合よく言われるのは、欧米人へのコンプレックスです。最近はだいぶ減りましたが、かつて洋服のモデルなどは、みんな脚がすらりと長くて、金髪の欧米人だった。これは一種の商業戦略なのですが、うがって見れば「黒髪、短足」という他人のまなざしを劣等感と共に引き受けている仕方ということになるでしょう。サルトルはまなざしによる差別と、コンプレックスに基づいた自己欺瞞的な引き受け方を、戦後の戯曲『恭《うやうや》しき娼婦』[*5]（一九四六年）などで取り上げています。

また逆に、こうした差別や他有化を徹底的に引き受けて見事に解放された例として、詩人のジャン・ジュネ[*6]の半生に目を向け、『聖ジュネ』（一九五二年）という五百ページにわたる長大な評伝を書いている。

ジュネは生後半年で児童養護施設の前に棄てられた。七歳のときに地方の農家に里子として預けられるのですが、十歳のとき泥棒の現場を押さえられる。そのとき、「お前は泥棒だ！」と決めつけられた。これは大人の言葉であり、社会の宣告です。そのひと言によって盗みが客観的になり、泥棒という「対他存在」を抱えることになる。少年ジュネはそれを内面化する。それが彼の疎外―他有化の根源です。

少年には、泥棒という存在がいったいどういうものなのかわからない。そこで彼は大人の言う通りに、「俺は泥棒になろう」と決意する。要するに、他人によってつくり上げられた自分になりきろうとする。これは矛盾した決断なのですが、この矛盾した決断のわずかなずれ、相手に泥棒と決めつけられたという「対他」と、それでは泥棒になろうという「対自」の決意にずれがあって、そのずれのうちにサルトルは自由を見るのです。

自由とは、全面的に条件付けられた社会的存在を、一個の主体的人間にならしめていく運動、ということになるのかもしれません。他者により客観化された自己と、それを主観によって引き受け直す自己とのずれの中で、ジュネは泥棒から詩人になっていく。前章で見た「負けるが勝ち」の逆転の発想が、ここにもあります。もちろんジュネが詩人になるまでには人生の長い道のりがあるのですが、それをサルトルは描き出していくのです。

意識の自由は、どんな逆境にあっても自分を救うことができる。どんな悪の中にあっても意識はよいものだという信頼を捨てないジュネの、ある種の楽天主義的ともいえる姿にサルトルは共感を持っている。

ジュネはその後、一九七〇年代から八〇年代にかけて、アメリカの黒人解放運動やパレスチナの抵抗運動に深くアンガジェしていくことになります。

## 弱者の連帯とまなざし

『存在と無』第三部の「対他存在」の最後のところで、サルトルはまなざしによる葛藤―相克を集団の次元に移して考察しています。問題は、抑圧された集団の成員はいかにして連帯意識を持ちうるか、ということです。いかにして「私」が「われわれ」になりうるか、ということです。そしてここでも「まなざし」に大きな位置を与えている。例えば、労働者たちは仕事の辛さや生活水準の低さということだけでは階級として構成されない。彼らを被抑圧階級として構成するのはブルジョアや資本家のまなざしだ、と。したがって連帯が成立するのは主人の側から向けられるこのまなざしによる他有化を積極的に引き受けることによってとなる。例えばこうです。

「被抑圧者のうちにおける階級意識の出現は、〈対象―われわれ〉を羞恥において引き受けることに起因する」(『存在と無』)

皮膚の色による差別、民族差別についても同じことが言えるでしょう。一九三〇年代、フランスで植民地出身の黒人留学生たち(後のセネガル大統領レオポルド・サンゴール、詩人エメ・セゼール)が「ネグリチュード[*7]」の文学運動を起こした。黒人差別のまなざしに抗して、黒い皮膚を持つこと、古い文明を持つアフリカの末裔《まつえい》であることに誇りを持ち、黒人であることに積極的にプラス価値を認めようとする運動です。これは六〇年代アメリカのブラックパワーの運動につながっていく。

六〇年代のアメリカでは、黒人公民権運動が起こり、マルコムX[*8]やカーマイケル[*9]といった指導者が活躍した。その運動は「Black is beautiful」という有名なスローガンのもと、アメリカの黒人層に広く浸透して、だんだん政治化していった。やがて運動としては崩壊しますが、黒人大衆に多大な影響を与えている。オバマがアメリカの大統領に選ばれたのは、ブラックパワーの運動なしにはありえなかったはずです。

二十世紀の大きな進歩の一つは、このように少数者《マイノリティー》や弱者が誇りを持って、多数者《マジョリティー》や強者のまなざしを引き受けるようになったことではないでしょうか。

## 戦争体験と「他者」

こうした「まなざしとしての他者観」をサルトルは生涯持ち続けます。例えば一九五九年に発表された戯曲『アルトナの幽閉者』[*10]には、二十世紀の歴史を担って有罪感を覚え、未来社会からのまなざしにたいして必死に弁明を試みる主人公が登場します。しかしある時期からそれだけではなく、もう一つ別の他者観が育っていく。戦争と占領の体験を通してできてきたものです。

では、サルトルの戦争体験とは、いったいどのようなものだったのか。ひとくちに戦争体験と言っても、サルトルの場合は、三つの時期に分かれます。

第一期は一九三九年の九月に動員されてから、ドイツとの国境に近いアルザス地方に配属された時期です。宣戦布告がなされたのに、実際の戦闘がなされなかった。そのためこの時期は「奇妙な戦争」と呼ばれていた。ドイツ軍はジークフリート線、フランス軍はマジノ線という塹壕《ざんごう》を掘って、そこでお互い延々とにらみ合う。その間にドイツは、すでに侵攻していたポーランド西部を占領。ポーランドの東部は、ソ連と秘密協定を結んで、ソ連に委ねられてしまいます。

そのあとドイツは、四〇年四月にノルウェー、デンマークに侵攻する。その占領が終わったところで、五月から西部戦線、つまりベルギー、オランダ、ルクセンブルク、そしてフランスへと攻め入る。フランスはあっけなく敗れてドイツと休戦協定を結び、北部はドイツ占領下に、南部はドイツの影響のもとペタン[*11]による独裁政権の支配下に置かれる。戦闘が始まってしばらくしてサルトルは捕虜になってしまう。それが第二期です。

第三期は、収容所から釈放されて占領下のパリに戻ってくる四一年三月から、四五年五月の終戦までです。

最初の「奇妙な戦争」の時期、サルトルは気象観測班に配属されていたのですが、そこでは一日に二、三回、風船を上げて風向きを測定するだけで他は何もしない。では空いた時間をどうしたかと言えば、一日に十時間も十二時間もカフェやレストランでものを書いている。サルトルにとっては、バカンスのとき以上に書く時間があったというわけです。

このときに書いていたのが、先ほど挙げた哲学書『存在と無』、のちの長篇小説『自由への道』、そして手紙です。サルトルは、「書簡性過労」という病名を与えられたほどの手紙魔で、ボーヴォワールに毎日一通、他の女友達と母親には一日おき、友人たちには数日おきに書いている。しかも、その手紙がものすごく長い。十ページ、二十ページ、ときには三十ページにまで及んでいる。
また、手帳には日記も記していた。これがサルトルの死後、一九八三年に出版された『奇妙な戦争――戦中日記』です。毎日の生活や読書、それから一種の告白日記として、自分がどんなにパリの女友達のことを思っているかを書き綴っている。もちろん哲学的思索を巡らせてもいる。面白いことに、この日記を読むと戦争の勝敗にはまったく無関心だったことがわかります。どちらが勝つか負けるかなどには触れずに、「いったいこの第二次大戦は、第一次大戦と何が違うのだろうか」というようなことばかり考えている。

しかし、そんなサルトルにもだんだんと変化が生じてくる。やはり彼自身が戦争に「アンガジェされた」（巻き込まれた、拘束された）という思いがあったからでしょう。この状況に対して自分がどういう態度を取るかが問題となる。そして歴史感覚に少しずつ目覚めていく。

自分は戦争の共犯者になるか、殉教者になるか、二つに一つだと考える。そうして、巻き込まれ、拘束された以上は、自分を積極的にそこに巻き込む、拘束することを選ぶ。「自分の身に起こることを受け入れるのではなく、身に起こることを引き受けること」と日記の中に書いています。状況に対する受動的な思想から、能動的な思想に変わっていく。これがアンガジュマンという思想の誕生であり出発点でした。

そして第二期、四〇年五月にドイツ軍が西部戦線に侵攻してひと月後、サルトルの部隊も戦闘に巻き込まれ、とたんに敗走の日々を送ることになる。おそらくサルトル自身は弾丸を一発も撃つことがないまま捕虜になる。この捕虜生活が一年近く続きますが、この時期が、またサルトルを大きく変えたようです。

収容所の生活は、はじめはまったく食べ物がなくて飢えていたものの、しだいに普通の生活になっていく。強制収容所のイメージが強いドイツの収容所ですが、捕虜の場合は比較的寛大だったようで、サルトルは芸術家グループの中に入り、カトリックの神父らと仲良くなる。

この収容所で同じグループにいたペラン神父が書いた『捕虜収容所12D』によれば、この間サルトルは「死」についての講演をしたり、ハイデッガーの『存在と時間』についてのレクチャーをしていたとのこと。捕虜になった年のクリスマスには、同じ捕虜仲間のためにキリスト生誕劇を上演し、自分も出演している。これが前に触れたサルトルの最初の戯曲『バリオナ』です。のちのインタヴューでサルトルは、「自分が真の自由を知ったのは、鉄条網に囲まれた中だった」と述べていますが、こうした収容所生活を通して他人との絆、自由が生かされる条件、つまり〈社会〉を発見したのでしょう。

翌四一年三月、サルトルは失明したという偽の診断書をつくってもらい、釈放されて、ドイツに占領されていたパリに戻ります。この第三期にまずしたことが、レジスタンスのための知識人グループ「社会主義と自由」の立ち上げです。

ビラをつくって撒《ま》いたり、列車を襲おうという直接行動まで考えていたようですが、なにぶんにもインテリ集団で、地下活動の経験などまったくない人たちですから、警戒心もない。当時レジスタンスの中心は、共産党とド・ゴール派でした。組織的な活動をしている彼らからすれば、サルトルたちがやっていることはちゃちでうさんくさいものにしか見えず、まったく相手にされなかったらしい。また、ドイツ軍の監視が非常に厳しくなり、グループの女性が一人捕まりドイツに強制連行されて死んだということもあり、サルトルらはこの行動を間もなく断念することになります。

このようにサルトルのアンガジュマンは当初は直接的な政治行動へと向かうもので、ここでいう「他者」とは政治行動の仲間としての他人でした。しかしこの運動に挫折して以後、戦時中のサルトルは占領下で再び書くほうへと向かいます。『存在と無』を完成させ、戯曲『蝿』*12（一九四三年）と『出口なし』を書いて上演し、『自由への道』を書き続ける。つまりアンガジュマン自体が、政治行動よりも書くことの中に求められていくのです。

そして作品をとおして他人と「共にあること」の在り方を探っている。例えば『バリオナ』の主人公は村長として村人と共にローマの軍隊と戦うことを決意する。『蠅』は古代ギリシャの悲劇を下敷きにした作品ですが、主人公のオレストはアルゴスの王であった父親のアガメムノンを殺した伯父への復讐を果たしたあと、アルゴスの街の市民との距離を感じて王座につかず、この街を去っていく。『自由への道』では戦争に動員された主人公のマチウは戦友たちとのあいだに「われわれ」の意識を共有したいと願っているのですが、それがなかなか果たされない。しかしふとしたことで親しくなった戦友と二人で、負け戦さを引き受ける。いずれも行為をとおして他人との連帯の可能性を探る作品なのです。

一九四四年八月、連合軍がフランスのノルマンディ海岸に上陸し、ドイツ軍の占領下にあるパリに攻撃をしかけます。パリの民衆の一部はこれに合わせて蜂起して、「パリ解放の一週間」をつくり出すのですが、このときサルトルは「全国作家委員会」から劇場のコメディー・フランセーズの防衛の役を与えられている。ただし看護兵だったので戦闘には加わっていません。

このように行動の意欲は充分にあったけれども、じっさいには不完全燃焼に終わっています。それが戦後のあのエネルギーへと蓄積されていったのでしょうか。

**＊1　アンドレ・ジッド**

一八六九〜一九五一。フランスの作家。『狭き門』『田園交響楽』『贋金つくり』など。一九四七年ノーベル文学賞受賞。

**＊2　堀田善衛**

一九一八〜九八。小説家。富山県出身。上海で迎えた敗戦の体験を核に書いた『祖国喪失』で注目を集めた。『時間』『ゴヤ』など。

**＊3　『広場の孤独』**

「……訳しながら、ふと彼は電文中のcommitmentという言葉にぶつかって鉛筆をおいた。（中略）翻訳機械のようになった頭は、この言葉にあてはまるべき訳語を次から次へと自動的にひき出していったが、その自動作用が漸次弱まってくると、彼は、いまこんな仕事をしていること自体、それは既に何かのCommitmentをしてしまったことになるのではないか、という、背筋に或る冷たいものの流れるような反省が湧き起って来た」（同書より）

**＊4　「地獄とは他人のことだ」**

「僕を食いつくすみんなの視線……〔急に振り〕ふん、二人きりか。もっと沢山だと思っていた。〔笑う〕じゃ、これが地獄なのか。こうだとは思わなかった……二人ともおぼえているだろう。硫黄の匂い、火あぶり台、焼き網……とんだお笑い草だ。焼き網なんか要るものか。地獄とは他人のことだ」（『出口なし』伊吹武彦訳）

**＊5　『恭しき娼婦』**

――アメリカ南部の町。白人の娼婦リッジーは列車内で白人が黒人に言いがかりをつけ、射殺するのを目撃。白人は上院議員の甥だった。議員は黒人に強姦されそうになったリッジーを救うためだったとの証言をでっちあげ署名を迫るが、リッジーは拒む。議員は「純粋なアメリカ人で有名大卒の甥は生きる義務がある」などと言いくるめ、結局は、リッジーは署名させられてしまう（一九四六年刊）。

**＊6　ジャン・ジュネ**

一九一〇〜八六。フランスの詩人、小説家、劇作家。道徳的、性的に逸脱した人物を描く。『泥棒日記』、戯曲『女中たち』など。

**＊7　ネグリチュード**

「黒人性」と訳される。西欧人とは異なる黒人独特の思考・感覚や身体性を黒人自身が自覚すること。一九三〇〜六〇年代、その積極的自覚を西欧植民地主義への抵抗の根拠とする文学・政治運動がアフリカ・カリブ海地域で生まれた。

**＊8　マルコムX**

一九二五〜六五。アメリカの黒人公民権運動家。ネーション・オブ・イスラムのスポークスマン。

**＊9　カーマイケル**

一九四一〜九八。ストークリー・カーマイケル。トリニダード島に生まれたが、一家でアメリカに移住、帰化。ハワード大学在学中、学生非暴力調整委員会の指導者として深南部の黒人解放運動で活躍。特にその議長時代に彼が中心となって彫琢した「ブラック・パワー」路線は、従来の融和主義的な公民権運動の路線を民族自決主義的方向に転換させる契機となった。

**＊10　『アルトナの幽閉者』**

——一九五九年、ドイツ。十三年前に自殺したはずのフランツは、生きていた。戦争中のユダヤ人を救えなかった経験、敵兵に拷問を命じた経験が心の傷となって、家の奥に引きこもり、録音機に語り掛けている。結局、彼は死に赴き、残された録音機の声が語る。「（私は）ここで、この部屋で、二十世紀を双肩に担った。私はいった。『この責任を負う』と。今日、そしてまた永遠に」（永戸多喜雄訳）

**＊11　ペタン**

一八五六～一九五一。フランスの軍人、政治家。第一次世界大戦時に元帥。一九四〇年六月、首相として独仏休戦協定を締結。首都を南仏ヴィシーに移し国家主席に就任、対独協力推進のファシズム体制を敷いた。

**＊12　『蠅』**

ギリシア悲劇を下敷きにした戯曲。――アルゴス国では、共謀して王アガメムノンを殺した王妃と愛人が現国王・王妃である。彼らは、死者の怨念を恐れる無気力で腐った心（その形象化が「蠅」）を植え付けることで市民を支配している。そこへ、追放されていた先王の息子オレスト（オレステス）が帰国、王と王妃を殺して父王の復讐を果たす（一九四三年刊）。

# 第4章 ― 希望の中で生きよ

## 「異議申し立て」へ――政治的アンガジュマンの歩み

『実存主義とは何か』の講演と同じ一九四五年十月に、サルトルは「レ・タン・モデルヌ」という月刊誌を創刊します。その「創刊の辞」は、『実存主義とは何か』と同様に、事実上の「アンガジュマン宣言」であり、非常に高揚した文章でこれもまた大きな反響を巻き起こしました。

作家は時代の中に、「状況の中に」いる。何をしても作家は「巻き込まれて」いる、つまりアンガジェされている。そこでは言葉も沈黙もすべて同じように意味を持ってしまう。逃れるすべがない以上、時代と一つになり、時代に対して意志的に責任を引き受けようではないか――。そう呼びかけたのです。

こうしてサルトルはその後三十五年間、フランスや世界の出来事に対して、常に何らかの立場を取り続けていくことになります。それは日本にもすぐに伝えられて、何か事件が起こると、「サルトルはどう考えているか」と紹介され、反響を呼んでいた。雑誌「世界」（岩波書店）では、サルトルの時事的な発言が数多く翻訳されています。

ただし、一つの政治的、社会的な立場を取るということは、同時に他の立場の人を敵に回すことにもなる。だからサルトルはある時期にはとても孤立していたし、あるときは誤解に晒《さら》される。そういう意味では、アンガジュマンというのは茨《いばら》の道なのです。一九六六年に来日したとき、サルトルはいかに知識人が孤独であるかを語りましたが、それは一般論ではなく自分自身の経験に基づいたものだったでしょう。

そんな政治的アンガジュマンのいくつかを紹介していきましょう。まず一九四八年には、混迷を続ける戦後フランスの政治状況の中で、「革命民主連合」[*1]（ＲＤＲ）というグループを結成する。これは戦後サルトルの最初の直接的な政治参加ですが、失敗に終わる。米ソ冷戦のもとでヨーロッパは中立の姿勢を取るべきという、社会主義的な中立をスローガンにしたのですが、それは右からも左からも叩かれて支持層を広げられなかったのです。

この中立路線が失敗したあと、冷戦が次第に激しくなっていく中で、一九五二年以降、サルトルはフランス共産党とソ連に接近し、共産党がイニシアチヴを取る世界平和評議会の主催する世界平和大会にも毎年出席するようになります。

ところが一九五六年にハンガリー動乱（ハンガリア事件）が起きる。これはブダペスト市民の政府への抗議デモに対して、ソ連軍が武力介入し、多くの市民が殺害された事件ですが、サルトルは当初ソ連軍の介入を「犯罪」と呼び、強く弾劾《だんがい》した。やがて「スターリンの亡霊」を書いてソ連の社会主義をなんとか救おうとするのですが、それ以後、ソ連からも、フランス共産党からも、しだいに距離をとりはじめる。ソ連がチェコスロヴァキアに軍事介入し、「プラハの春」[*2]を押しつぶす六八年三月に至って、ソ連および共産党との対立は決定的になります。

一方この時期には、フランスが植民地を維持しようとして、二つの戦争をおこなっている。一つはインドシナ戦争と呼ばれるもので、ヴェトナム民主共和国の独立をめぐる戦争です。当時ヴェトナム、カンボジア、ラオスはインドシナと呼ばれ、フランスの植民地でした。この戦争は第二次大戦後の一九四六年から五四年まで続きます。結局フランスはヴェトナムだけでなくインドシナから引き揚げることになります。ほどなくアルジェリアで植民地支配に対する武装反乱が起きる。この独立運動をフランスが鎮圧しようとしたのがアルジェリア戦争で、こちらは五四年から六二年まで八年間続きます。

このときにサルトルは、自分と近い立場にいた哲学者フランシス・ジャンソン[*3]が創設したフランス軍脱走兵の支援組織（ジャンソン機関）を助け、軍隊から脱走してくる兵隊を積極的に支持します。また作家のモーリス・ブランショ[*4]らが起草した「百二十一人宣言」[*5]というアルジェリア戦争への不服従宣言にも署名している。こうして当時のド・ゴール体制に真っ向から対決の姿勢を示したのです。

アルジェリア戦争と並行して、ヴェトナム戦争が起こります。フランスがインドシナから撤退したあと、アメリカが肩がわりして南部に傀儡《かいらい》政権をつくって後押しをしていたのですが、一九六一年から直接軍事介入を始めたのです。六五年からは米軍による激しい北爆が開始され、サルトルはこれを非難して、アメリカの大学からの講演招待を拒否する。また六七年には、イギリスの哲学者バートランド・ラッセル[*6]と一緒に、ヴェトナムにおけるアメリカの戦争犯罪を裁く「ラッセル法廷」をスウェーデンのストックホルムで開き、その裁判長を務めて、アメリカ政府を有罪とする判決文を書いています。

六八年五月、フランス国内で、いわゆる「五月革命」[*7]が起こると、サルトルはすぐにコーン＝ベンディット[*8]という学生の指導者とラジオで対話をして、若者たちの運動に賛同を示す。この五月革命は、大学への警察の介入に反対する学生のデモからだんだんと広がって労働者の運動に結びつき、フランス全国に一か月間ほどストライキが続くなど、フランス中が混乱状態に陥ります。メディアで運動を支持したサルトルは、ソルボンヌ（パリ大学分校）の学生集会にも赴いて発言したり、大学とは「異議申し立て」の人間をつくる場所である、学ぶための唯一の方法は異議を申し立てることであって、異議を申し立てない人間には学ぶ価値がないとすら語っている。この「異議申し立て」という言葉は、フランス語で「コンテスタシオン」（contestation）で、五月革命の鍵となる言葉の一つです。

この運動の中心となったのは、当時、「新左翼《ゴーシスム》」と呼ばれた若者たちです。五月革命が一か月後に収束したあと、こんどは運動が徹底的に弾圧されて、出版物が発禁処分になっていく。その中でサルトルは、いろいろなグループの機関誌の編集長を引き受ける。自分が編集長になることによって、いわば有名人であることを利用して、弾圧の手を緩めようとしたのです。禁じられている機関誌を街頭に出て売り歩く。あるいは移民労働者の集会に出席したり、工場労働者の運動を支援するために工場の前で演説したりする。警察によって一時拘束されたこともありますが、政府からの命令ですぐにサルトルは釈放される。かつて、アルジェリア戦争をめぐり反政府的立場を明らかにしたサルトルについて、時のド・ゴール大統領は「ヴォルテールを逮捕することはあり得ない」と言いましたが、その認識は十年後にも保たれていたわけです。

さらにサルトルは七三年、そうした新左翼グループの一つ、毛沢東派[*9]（マオイスト）のメンバーと一緒に「リベラシオン」（Libération）という新聞を創刊する（サルトルは亡くなったときに一文無しでしたが、実はこういうところにもお金をつぎ込んでいるのです）。「リベラシオン」は、当初資金を読者からの寄付だけに頼った新聞でしたから、資金不足で発行ができなくなると、「あと二日間で資金がなくなるので至急寄付をください」などという広告を紙面に載せていた。すると、読者がカンパをして何とかつないでいく。しかも創刊当初は、編集長も植字工も守衛もスタッフ全員が平等の同一賃金制という、一種の理想主義的な制度を採用していました。この新聞は現在もありますが、いまでは紙面も組織も賃金制度も変わり、ごく普通の新聞になってしまいました。

サルトルの政治的アンガジュマンの特徴はこのように、まず一貫して反体制であること、次に反植民地主義であることです。政権の弾圧に対しては常に敏感に反応し、彼の言葉で言えば「恵まれない階級」、すなわち、社会的弱者を支援する――そういう政治参加だったと言えるでしょう。

## 様々なヒューマニズムへ

思想的には、サルトルの実存主義は四つの方向で発展したと思います。第一に、社会変革のイデオロギーになろうとした。第二に、文学におけるアンガジュマン理論をつくろうとした。第三に、マルクスが歴史の法則とした史的唯物論を基礎づけようとした。第四に、人間存在を解釈する方法を構築しようとした。

こうした四つの方向での発展は、実は、ヒューマニズム思想の発展として考えることもできるので、ここでまず『実存主義とは何か』でヒューマニズムがどのように語られていたかを押さえておきましょう。繰り返しますが、講演の題は「実存主義はヒューマニズムである」でした。

人々は私が実存主義がヒューマニズムか否かを云々するのは誤りだと非難した。「君は『嘔吐』のなかでヒューマニストは間違っていると書き、ある型のヒューマニズムを愚弄した。なぜいまになって君は問題のむしかえしをするのだ」というのである。実をいえば、ヒューマニズムは非常にちがった二つの意味をもっている。

（『実存主義とは何か』）

ここでサルトルは二種類のヒューマニズムがあると言う。一つは、「人間を究極の目的として、最高の価値として考える」ヒューマニズム、人類を礼拝する宗教のようなヒューマニズム、人類がたとえば月へ行く、宇宙へ行く、だから人間は素晴らしいのだというヒューマニズム。サルトルはこれを批判して、「人類への礼拝は（中略）自己閉鎖的ヒューマニズムに、はっきりいってしまえばファシズムに帰着する」と断言する。「それはわれわれの欲しないヒューマニズムである」と。

そうではなく、人間はつくるべきものである。人間は彼自身の立法者であって、人間はみずからを存在させるために、未来の中に身を投げ出していき、状況を変え、状況に意味を与えるというヒューマニズム、人間は人間自身の中に閉ざされていると考えるのではなく、投企という絶え間ない「乗り越え」と、人間的な「主体性」を結合させるヒューマニズム、これが実存主義的ヒューマニズムである、とするのです。

しかし、これはあくまでも原点の考えであり、第二次大戦で人間の大虐殺がなされたあとの精神の廃墟、悲痛な現実認識の中で打ち出された宣言です。時代と共に、状況の変化と共に、サルトルのヒューマニズムに関する言説も変わっていきます。それと同時に、死後に刊行された青年期の著作を読むと、ヒューマニズムという言葉こそ用いられていませんが、サルトルがいかに「人間」を心にかけていたかが窺《うかが》われます。そのことを念頭に置きながら一九四五年の実存主義が辿った四つの道を検討します。

まず、第一の方向から見ましょう。社会変革のイデオロギーといっても、一九四五年の時点では、サルトルはそれに必要な理論を何も持ち合わせていなかった。彼が手にしていたのは『存在と無』の哲学と、戦争体験だけです。戦争体験からくる作家の責任という、アンガジュマンの意識だけが突出していた。第1章でも触れたように、そもそも彼は、戦前には政治にまったく関心がなかったのです。

ではどうしたかと言えば、彼は自分の理論とマルクス主義の理論とを突き合わせることを選んだ。そして実存主義こそマルクス主義を包み込むことができると考えるようになった。別の言い方をすると、人間の自由というものを軸に、教条的に硬直化したマルクス主義を、内側からもっと柔軟で知的なものにつくり直すことができると考えた（『唯物論と革命』[*10]一九四六年）。

それはどういうことか。マルクス主義には「疎外論」という考え方があります。労働者が物をつくると、生産物は雇用者によって奪われ、利益はつくった人間には還元されずに、支配階級に搾取《さくしゅ》されてしまう。だから労働は人間を疎外―他有化するものであるとするのが、マルクス主義の疎外論です。「しかし本当にそれだけだろうか？」とサルトルは問い直す。

逆にサルトルは、労働という行為の中に自由の可能性を読み取ろうとする。つまり、物をつくるというのは、労働する人間が物についてのイメージをまず持って、材料に働きかけてつくっていく。それがつくる人間の自由であり、その「生産性の自由」の自覚が、プロレタリアートの主体的なエネルギーになるはずだと説くのです。そしてこれを「労働のヒューマニズム」と呼んでいる。

実はこうした考え方は戦前から、青年期のサルトルにも見いだされる。初期の習作『アルメニア人エール』は、全体が神話的な物語で、主人公エールは、偶然性の問題をいろいろと考えている。そして善はあるのか、悪はあるのかという倫理の問題にぶつかったとき、オリンポスの神アポロンが彼にこんな忠告をする。「倫理なんて馬鹿らしいものだ。それよりも、芸術作品を創造する欲望を持て」。続けて「人間がつくるもの以外に美しいものはない。人生それ自体は何も教えてくれない。お前は忍耐強い労働者になれ。殉教者になれ」と言う。このアポロンの忠告は、芸術創造を労働と考えているわけです。そういう意味では労働のヒューマニズムにつながっていく考え方です。またこれは、『嘔吐』のロカンタンが最後に、芸術作品をつくろう、小説を書こう、と決意することとも通じています。

しかし、こうした労働のヒューマニズムは、労働条件の変化とともに、可能ではなくなっていく。職人が中心になっていた労働から、大量生産の時代になると、オートメーション化が進んでいき、もはや「生産性の自由」という考え方は通用しなくなる。では、新たに何が変革のエネルギーになるかというと、労働者の持っている「欲求」だとサルトルは考える。たとえば空腹であること自体が革命的なのだ、と。欲求を欲求として意識していくことが、労働者の自由の表現なのだと考え始める。これは「欲求のヒューマニズム」です。この考えはのちに、未完の大著『弁証法的理性批判』[*11]（第一巻、一九六〇年）に持ち込まれて、欲求が人間の歴史の根本的な原動力として考えられていくことになります。

続いて第二の方向である文学のアンガジュマンについてですが、サルトルは一九四七年から四八年に書いた『文学とは何か』の中でこれを雄弁に展開しています。まず、文学作品の中に単に政治的主張を持ち込むことがアンガジュマンなのではないと断った上で、言語の機能の違いを分析して、詩人に対してはアンガジュマンを要求せず、散文家だけにアンガジュマンは可能だと考える。そしてこう書いている。

「われわれは作家がその作品のなかに自己の全体を投げ入れる《アンガジェ》べきであると思うが、それは卑劣な受動性として（中略）ではなく、断固たる意志として、選択として、われわれ一人一人がそうであるこの生きるという全体的な企てとしてである」

後にサルトルは、詩人であるにもかかわらず、部屋にこもって言葉との戦いを続けたマラルメ[*12]についてアンガジュマンを語ることになりますが（「マラルメの現実参加」一九七九年）、それは、自分の実存をそっくり作品の中に投げ入れること、というこのアンガジュマンの考え方に基づいたものです。

ここでは、散文の機能には、状況を暴き出す、状況を開示するということがあり、その点にこそ作家のアンガジュマンがあると主張しているのですが、次のような文章からは「知覚のヒューマニズム」「開示のヒューマニズム」といったものを読み取ることができるでしょう。

「われわれのあらゆる知覚には、人間とは何ものかを〈発見する〉〈開示する〉ものだという意識が伴っている。すなわち、人間を通じて存在が〈そこにある〉という意識、あるいはまた、人間はそれによって物が現れる手段だという意識である。物と物との間にたくさんの関係をつくりだすのはわれわれである」

これは、事物があらわれてくるのは人間の意識によってであるというあの現象学の考え方とつながるもので、前章で見た「即自」と「対自」の関係を別の言葉で語っている。

ところで、こうした考え方も青年期の著作から読み取ることができるのです。二十三歳のときに書いた『ある敗北』という短篇の主人公フレデリックという青年は、身体的特徴を含めてサルトルのつくり出した人物の中で一番作者に近い人物ですが、彼はロカンタンとは反対に物にたいして嫌悪感がない。物が荒々しく、新鮮に、「暴力的」に存在しているのが大好きなのです。それだけでなく、自分と物とは一切関係がないから「近親相姦」の危険なしに物を愛することができる、と。これは意識と物とをはっきり区別していた時代、実在論の時代のサルトルの考えなのですが、ここで語られているのは独立して存在する物を愛すべき対象として構成する知覚の喜びです。また、知覚は、認識は、征服であり所有であり、人間的な営みであるという考えです。

しかし、知覚のヒューマニズムだけでは文学は成立しません。文学創造の動機は何なのか。いま挙げた「知覚」によって人間は「存在の探求者」になることはできるが、「制作者」にはなれない。われわれが発見する存在であるということは、発見される物＝世界にとってわれわれが「本質的存在」ではないということだ。しかし世界にとってわれわれが「本質的存在」であると感じたい……サルトルはそこに芸術創造の動機を見るのです。

それだけでなく『文学とは何か』の新しさは読者の意識、すなわち他者の意識に大きな役割を与えたことです。作品を創造するのは作者だけではない。作品とは読む人間がいて初めて創造がなされる。作品が完成するのは、読む人間の意識の自由の中においてである、と考える。ですから文学作品というのは、読者の自由に対する呼びかけ、他者の自由に対する呼びかけであって、読者の自由がその作品を引き受けるかどうか、読者がアンガジェしてくれるかどうか、ということになる。そこから自由の相互認知という「相互性のヒューマニズム」を語ることができるでしょう。

## 実存主義はヒューマニズムか？

ところで、サルトルとヒューマニズムとの関係は、いま見たようにヒューマニズムがいくつかのレベルで語られていて、一筋縄ではいきません。

ここでサルトル生誕百年にあたる二〇〇五年に刊行された、ベルナール＝アンリ・レヴィ[*13]という哲学者の『サルトルの世紀』について少し触れておきましょう。というのも、この本の大きな主題が、実はアンチ・ヒューマニズムなのです。戦前のサルトルはアンチ・ヒューマニストだったが、戦後のサルトルはヒューマニストであるという図式で、レヴィは戦前のサルトルを高く評価して、戦後のサルトルを評価していない。この本が大きな反響を呼んだ理由の一つがここにあります。

なぜヒューマニズムは駄目かというと、ヒューマニズムのうちには「人間をつくり直す」という考えがあり、これは全体主義に通じていく、あるいはこういうヒューマニズムは全体主義の一形態だというのが、レヴィの論理です。一時期のソ連の共産主義やキューバのカストロ体制も実はヒューマニズムから発したものであり、これらをサルトルが擁護したのは、彼がヒューマニズムに「転向」したからである……というのですが、この説には多くの誤認があると私は思っています。

まず問題は、戦前のサルトルが果たしてアンチ・ヒューマニストと言い切れるかどうかです。一つには、先ほど例を挙げたように、すでに戦前のサルトルには、「労働のヒューマニズム」や「知覚のヒューマニズム」や「芸術創造のヒューマニズム」に通じていく、原初形態の思想がある。

そしてもう一つ重要なのは、『嘔吐』におけるロカンタンと独学者の昼食の場面をどう読むかということでしょう。前章でも少し触れましたが、この場面ではヒューマニズムそのものが議論の対象になっている。

独学者は自分が実は社会党員であることを告白し、熱く人間の連帯を説きはじめる。そんな彼のことを、ロカンタンは「田舎のヒューマニスト」と心の中で揶揄《やゆ》している。左翼から右翼まで「うじゃうじゃいる」ヒューマニストたちを、たしかにロカンタンは軽蔑しているのです。

「まるで兄貴分のように仲間の心配をする責任感の旺盛なヒューマニストの哲学者、あるがままの人間を愛するヒューマニスト、あるべきものとしての人間を愛するヒューマニスト」などと、様々なヒューマニストの例を次々に列挙しながら、「彼らはみな互いに憎みあっている」と、彼らへの嫌悪感を露《あら》わにする。

「私は自分が〈アンチ・ヒューマニスト〉などと考える愚は犯すまい。ヒューマニストではない、いい、それだけの話だ」

ところが、その少し前の独学者の台詞には、実はこんな一節が出てきます。

「人生は、それに意味を与えようとすれば意味がある。まず行動し、何らかの企てのなかに身を投じるべし。しかる後に反省すれば、すでに賽《さい》は投げられており、人は束縛《アンガジエ》されている」

どこかで読んだような言葉ではないでしょうか？　そう、これは戦後のサルトルが『実存主義とは何か』で述べていることにそっくりなのです。そしてなんと、すでに「アンガジェ」という言葉まである。しかも独学者は、自分はかつてドイツ軍の捕虜になり、そのとき収容所で人間の連帯に目覚めたのだ、とも語っている。もちろんこれは第一次大戦の話ですが、まるでのちの第二次大戦でのサルトル自身の収容所体験を予告しているみたいではありませんか。

これに関して、サルトルの学生時代の友人で哲学者のレーモン・アロンは、「戦後、サルトルは独学者に転向したのだ」という言い方をしている。またベルナール＝アンリ・レヴィは、「サルトルにおける予感的な思考だ」と記し、まだはっきりとは考えていないのだけれど、何か予感のようなものがあって、それを独学者にしゃべらせたのだろうと書いている。

私個人の考えでは、実はその頃からサルトルはそうした思想の可能性を考えていて、しかしロカンタンにではなく、独学者に語らせている。一種の自己内対話として、自分の考えのある部分を語り手とは別の作中人物に語らせる（これは小説の作法としては別に珍しくないことで、次の長篇『自由への道』になるとはっきりと表れてくる）——。だからこそ、独学者の台詞がほとんどそのままの形で『実存主義とは何か』に用いられているのではないでしょうか。

## マルクス主義的実存主義

次に第三の方向である『弁証法的理性批判』に話を移します。これまた八百ページの大著で要約はできないのですが、私なりの理解で言うならば、物質的生産力と生産関係とを軸にして歴史を解読しようとしたマルクスの説明体系（史的唯物論）を全面的に受け入れながら、その中に自分の人間論を組み込もうとした哲学作品、ということになるでしょうか。この場合の人間論の中心は他者論＝疎外論です。人間による人間の抑圧、支配、抗争が何故おこるのか、何故歴史は暴力の歴史でしかありえなかったのか、サルトルは「他者存在」という概念を導入することによって、この問いに答えようとしたのです。「批判」とは実存主義の他者論を媒介にした史的唯物論の再構成である、と言えるかもしれません。

この再構成は徹底的に抽象化のレヴェルでおこなわれています。欲求、希少性、集列性、実践的＝惰性態、反目的性等々、新しい概念を次々に繰り出していくのですが、サルトルの野心は、マルクス主義の理論的動脈硬化を一掃し、ソ連を中心とする現実の社会主義運動を活性化させることにあったようです。

この厖大な仕事にサルトルは成功したかというと、今日の観点に立つなら失敗したと言わざるをえない。作品自体が未完に終わっており、何よりも現実の社会主義の運動の最大の担い手であったソ連社会主義の破綻があり、また歴史の原動力であるはずの階級闘争が世界的に後退した、ないしは停止したかに見えるからです。だとするなら未来における歴史の全体化について語ることは非現実的なことになる。事実その後、マルクス主義は現実の運動というよりも過去の「知」を解読するための一つの方法になってしまったようです。

## 他者性の「狩人」へ

次に、実存主義の第四の方向である、人間存在を解釈する方法の問題に移りましょう。サルトルはボードレール論を書き、ジュネ論を書き、次にフローベール論を書くというように、作家をその探求の対象にしていきます。彼らはいかにして作家になったか、これが第一の問いです。それは「一人の人間について何を知りうるか」、ひいては「自分とは何か」という問いへとつながっていく。

根本的には、「自由はいかに自己を実現していくか」ということがその中心テーマとも言えるのですが、晩年のフローベール論『家の馬鹿息子』になると、自由を規定していく外的な条件が次第に拡大されていく。サルトル用語で言えば、「他者性の領域」が広がっていく。

前章で記したように『嘔吐』や『存在と無』の時代には、他者とはまなざし、視線でした。他者との葛藤とは、眺める者と眺められる者との葛藤だった。後期になるともはやそういう具体的な関係だけではなくなっていく。制度や法や慣習、言語なども、すべて他者がつくり出したものですから、個人はそういう広大な他者性の網の目の中に取り込まれている、という認識になっていく。

こういう変化はマルクス主義の理解の深まりとともに生じたと言ってよいでしょう。個人を取り巻く物質的な条件、あるいは階級、時代状況といったものが追究され、他者性の概念が広げられていく。また、階級的な存在である父親のイデオロギー、母親のイデオロギーを問い、彼らの身体感覚や慣習やものの考え方がどのように子どもの育て方に影響したかを推測する。

ギュスターヴ・フローベールの場合には、父親は、代々田舎の獣医だったのが、ナポレオン戦争のときにたまたま必要とされた外科医学をパリで学び、外科医になった。いわば成り上がりの医者です。そんな父親と、おちぶれ貴族の出身であった母親とのイデオロギーの違いの中で、ギュスターヴ少年は受動的な人間に育てられていく。このように考えていくと、ギュスターヴが生まれる前からの十九世紀フランスの歴史全体が彼の他者性を形づくることになる。

この長大な物語はそこからギュスターヴ少年が己の他者性をどう生きるか、形成された受動性を利用しながらどのように作家として自分をつくり上げていくか、彼の自由とはどのようなものだったのか、ということになるわけです。

ただこの原書で約三千ページにも及ぶ書物から浮かび上がるサルトルの像は、私の印象では、それまでのものとかなり違うのです。サルトルとは本来「自由」の哲学者だったはずなのですが、後期の彼はむしろあらゆる次元で人間の疎外—他有化を一つ一つ狩り出していく。経済と文化の広大な領域にわたって人間を条件づけていく他者性、目に見えぬ暗黒地帯である他者性の「狩人」とも呼べるような顔を見せるのです。

しかし他方でサルトルはやはり「自由」の哲学を最後まで手放そうとはしなかったことも事実です。晩年視力を失ったために、書くことはできなくなったのですが、口頭で思想を語っている。その一つが『反逆は正しい』[*14]（一九七四年）という毛沢東派の活動家との討論記録で、その副題は「自由についての討論」となっている。そして若者二人を相手に「自由」を再検討しようとしているのです。その中から一箇所だけ引用しておきます。

「ぼくの考えでは、政治活動はそれが積極的なものであれ消極的なものであれ、自由に訴えかけることによってしか、おこなわれうるものではない。それは疎外からの解放の行為であり、それこそはっきり規定しておかねばならないものだ。（中略）疎外こそ直接的に自由を指し示すものなのだ。疎外されうるのは自由しかないからだ。自由でない人間を疎外することはできないからだ」

ではどうしたら「疎外からの解放」が可能なのか、それがこの三人の討論の最も重要な主題なのですが、その答えは縮めて言えば「反逆」ということになる。ただ彼らの議論は抽象的な議論ではなく、当時フランス社会を揺るがせていた時計製造会社リップの争議その他、各地での現実の争議をふまえての討論なのです。

## 希望の哲学——友愛の民主主義

サルトルはまた、最後まで「希望」を語り続けた人でした。人間とは投企である、未来に向かって自分を投げ出す存在である、その行動の中に希望があるのだ、と。そして、実存主義を絶望の哲学であるとか静寂主義であるとか批判する人々に答えて、『実存主義とは何か』の中ではこう書いています。

「この主義は人間を行動によって定義するものである以上、これを静寂主義の哲学と考えるわけにはいかない。また人間の悲観論的記述とも考えられない。人間の運命は人間自身の中にある以上、これほど楽観的な主義はないからである」

前にあるものが希望でなく、絶望だけであるならば、何も自分を投げ出したりはしません。何かしら希望を含んでいるから、希望を垣間見るからこそ、未来に向かって自分を投げ出すのです。どんなに重病の人であっても、もしかしたら明日は苦しみが減るかもしれない、明日は友人が見舞いに来るかもしれないと、そうしたささやかな希望があってはじめて病と闘うことができる。例えば、薬を飲むという行動一つの中にも、すでに希望が含まれているわけです。そのように考えてくると、この「希望」もまた、実存主義という思想の核心にあるのだと言えるでしょう。

一九八〇年三月、サルトルが亡くなる約三週間前、最後の対談が雑誌に発表されました。「いま　希望とは」[*15]と題されたもので、対談の相手となったのは、毛沢東派の活動家だったベニイ・レヴィ[*16]という若いユダヤ人です。その頃サルトルは眼が見えなくなって、レヴィを秘書にして本を読んでもらい、二人で話し合って『権力と自由』という一冊の本をつくろうとしていたのです。実はこの対談は、レヴィがユダヤ教のメシア思想を持ち出し、サルトルを強引にそちらに引っ張っているところがあり、ボーヴォワールをはじめ周囲の人は、「これはサルトルの言葉ではない、これは老人誘拐だ」と言って編集部にねじ込んで発表を妨げようとした。しかしサルトルは、あくまでもこれを発表することを主張した、という経緯がありました。

それはさておき、この中でサルトルが興味深い発言をしているので紹介しましょう。一つめは、「社会に未来を見つけなければいけない」と答えていること。「この社会は糞だめではなくなる必要がある」。未来というのは目的であり、希望であって、行動である。行動は失敗するかもしれないし、むしろ挫折することのほうが多い。しかし、挫折の中にはほとんど見分けのつかない成功が含まれている。希望がすっかり失われるわけではない。進歩というのはそういう形でしか実現しないのだ、と。

これに対してレヴィが「むしろ目的という観念など捨てた方がいいのでは？」と挑発的なことを言うと、サルトルはすかさず「じゃ、なぜ生きるんだい？」と問い返している。未来―目的―希望、サルトル健在と言いたくなる応答です。

もう一つは、希望の内容に関わるのですが、彼は「左翼」――この言葉はもはや日本ではほぼ死滅させられてしまいましたが――のための原理ないしは倫理を構想している。ひと言で言えば、「友愛の観念に結びついた民主主義」ということです。

十八世紀末のフランス革命は、自由・平等・友愛という三つの理念を掲げ、人々はお互いを「市民」と呼び合っていた。手紙の最後には必ず「友愛を込めて」と書いた（これはいまでも書く人がいます）。ただ、友愛は当初スローガンにはなっていなかった。これが憲法に書き込まれたのは一九四八年の第二共和政になってからです。自由と平等とが権利であるのに対し、友愛とは他者への共感、親愛の情です。集団内部の、さらには社会的連帯の絆となりうる倫理なのです。共同体への義務だ、と考える人もいるくらいです。

それ以前のサルトルは、むしろ平等に基づいた人間関係の実現に力点を置いていた。だからこそ階級闘争を重視して、社会主義社会の実現を目指していた。もちろんここで平等が否定されているわけではありませんが、平等よりも友愛、さらには民主主義というところに力点が置かれている。これは大きな変化です。

サルトルの頭にあったのは、人権宣言[*17]によって始まったフランス革命が、なぜ恐怖政治に行き着いてしまったのかという問いです。『弁証法的理性批判』では、集団の中での強固な人間的結びつきである友愛が、革命の退潮期になると恐怖政治に変わっていくメカニズムが詳しく記述されています。日本の新左翼のセクトで多発した内ゲバや、一九七二年に起こった連合赤軍の連続リンチ殺人事件も、サルトルの描いたこの図式に当てはまるものです。集団におけるこうした友愛と暴力《テロル》を、切り離すことができないのかというのが、サルトルの切実な問いなのです。

サルトルは、自分で立てたこの問いに、正直に「わからない」と答えている。そう答えながらも「倫理にとって必要なことは、友愛の観念を、それがあらゆる人間相互の間の唯一で明白な関係になるまで拡大することだ」という言葉を発している。さらに彼は、友愛と民主主義とを結びつけようとしている。現在多くの国で採用されている選挙による間接民主主義は、ほとんど惰性になって、体制の装置になっていることが多いことは日本の国会審議でもみられることです。これに対して一九六〇年代から直接民主主義という声が挙がってきますが、もちろんこれにも問題があるし、それだけで解決できることではありません。

この点についてサルトルはここでとても大事なことを言っている。

「直接民主主義とか間接民主主義とかを考えずに民主主義そのものを検討することだ。民主主義をその全体において取り上げ、友愛と民主主義との関係は何かを考察すること、民主主義を現に確立しており、これまでも常に民主主義の中にあった根本原理は何かを考察することだ。というのは、民主主義というのは私としては、権力の政治的形態ないしは権力の生み出し方の政治形態というだけではなく、生そのものであり、生の形態であるように思われるからだ。民主主義的に生きること、他のいかなるものでもなくこうした生の形態こそ、現在の私たちから見て人間たちの生き方となるべきだと思われる」

これは、健康が衰えていく中での最後のインタヴューということもあり、それ以上の展開はされていないので、ここだけ読むとわからないところもあります。しかし、民主主義は「政治形態というだけではなく、生そのもの」という発言は、政治学者からはまず聞くことのできない重要な言葉です。問題は、そういう社会の希望、民主主義をどうつくり出すかということになるでしょう。

「〈世界は醜く、不正で、希望がないように見える〉といったことが、こうした世界の中で死のうとしている老人の静かな絶望さ。だがまさしく、私はこれに抵抗し、自分ではわかっているのだが、希望の中で死んでいく。ただ、この希望、これをつくり出さねばね」。これがインタヴューの最後の言葉でした。

## 人間とは何か

考えてみると、サルトルには破壊者と建設者の二つの側面がありました。破壊したものは、たとえば「人間本性」という神話、芸術の無償性という神話、ブルジョアジーの欺瞞、宗教と家族に規定された倫理といったものです。また、ヨーロッパ中心の歴史の見方です。完全には解体しきれなかったけれど、フロイトの無意識という理論にも挑戦している。

建設したものは何か。まず、実存のヴィジョンであり、偶然性のイメージであり、単独人間――思考の独立性によって社会に対立する個人――の像であり、アンガジュマンの思想であり、人間と歴史を解読する方法と概念装置であり、またここでは触れることができませんでしたが、無意識と区別される非定立的意識（自分の言動について漠然と知っている意識）概念の創造であり、小説においては映画的手法の導入といったことがあります。

ただサルトルをサルトルたらしめたのは何か、といまの時点でもう一度考えてみると、「人間とは何か」を問い続けたことではないか、と言ってみたいのです。本書の中でヒューマニズムに多くのページを割《さ》いたのはそのためです。ヒューマニズムはフランス語では「ユマニスム」（humanisme）と言いますが、ユマニスムがフランスで開花したのは十六世紀のルネサンス期、この時代のユマニスムは人文主義と翻訳されているように、古代の文献研究をとおして、「人間とは何か」を根底より問い直すことから始まっています。サルトルにおいてもその根底に一貫してあるのはこの「人間とは何か」という問いだったのではないか。いや彼自身、先にあげた『反逆は正しい』の中で、哲学者とは「人間とは何か」という問いを自分に問い、これに答えようとする者のことだ、と語っています。

サルトルが世を去って四十年、世紀は新しいページをめくって二十年になります。しかし世界と時代が提出している課題は大きく変わっていないのではないか。世界の各地では相変わらず人間が人間を殺している。殺し続ける姿勢をどの国家も崩していません。崩すどころか強めている国家もある。二十世紀はいかなる世紀にもまして人間が人間を殺した世紀ですが、二十一世紀はさらにさらに人殺しが増えるかもしれません。テクノロジーの発展が人間生活に解放を、幸福をもたらした面は確実にあるのですが、しかしそれだけではない。軍事技術、つまりは人殺し装置の巨大化を促したことは確実です。いまも何百万人かの中東の難民がヨーロッパに押し寄せていますが、そのそもそもの原因が湾岸戦争やイラク戦争、リビアの内戦、シリアの内戦であったことを忘れてはならないでしょう。グローバル化とは国境なき暴力を意味していたのでしょうか。

他方、いま王者の地位にある市場原理とは何か。利潤が万能の社会原理ではないでしょうか。そこでは人間は単なる労働力とみなされ、大学はその労働力の生産工場と化しているのではないか。教育の成果は数字に還元されているのではないか。文科系の大学は廃止するという議論はその一つの現れです。労働力でなくなった老人はどうなるのでしょう。サルトルは四十年以上前にすでにこう言っていました。「老人とは幼年時代から利潤のために畸形にされた者のことだ」（『反逆は正しい』）。

さらに恐ろしいのは人間の欲求自体も市場でつくり出されていくことです。人間は自分で自分を管理する力を奪われ、将棋の駒のように、物のようにされていくのではないか。テクノロジー、システム管理、マニュアル化、情報のネットワーク、それらは人間本来の自由を抑圧することで新たな欲求をつくり出し、それによって市場発信の別の〈自由〉をつくり出してさえいるのではないか。そして人間は、自分では〈自由〉だと信じているロボットのように、知らずに主体性を奪われ、非人間化されているのかもしれない……。

だとするなら二十一世紀の課題は、改めて「人間とは何か」を問い、人間的である領域を確定して人間的なものの破壊に抵抗することではないのか。人間としての自由、自立性を確保するには何をなすべきかを考えることではないのか。人間的なものを滅ぼし、押しつぶすものの正体を見極め、そこから生を、生の意味を救い出すことではないのか……。

そしてもしそうだとするなら、サルトル思想との対話は二十一世紀の人間にとっても価値あることではないでしょうか。

**＊1　革命民主連合（RDR）**
大資本に奉仕する保守連合であるド・ゴール派のフランス国民連合RPFに対抗し、労働者勢力とその闘争に根ざした勢力の結集を提案した政治運動で、政党ではない。作家・ジャーナリストとして名の知られた知識人の存在を押し出して、政党の活動では覆いつくされない「政治的空白」を埋めることを目的とした。一九四八年に結成されたが、サルトルは半年ほどで手を引いている。

**＊2　プラハの春**
一九六八年の春、チェコスロヴァキア（当時）で高まった改革・自由化運動（プラハは同国の首都）。具体的には、検閲の廃止、連邦制・市場原理の導入、言論・芸術活動の自由化などの動きをいう。同年八月、ソ連を中心とするワルシャワ条約機構軍の軍事介入により圧殺された。

**＊3　フランシス・ジャンソン**
一九二二～二〇〇九。フランスの哲学者。『サルトル自身によるサルトル』（一九五五）などでサルトル思想の紹介者として知られる。

**＊4　モーリス・ブランショ**
一九〇七～二〇〇三。フランスの哲学者、小説家、評論家。主な著書に『アミナダブ』『文学空間』など。

**＊5　百二十一人宣言**
正式名称「アルジェリア戦争における不服従の権利の宣言」。一九六〇年八月、「植民地体制の崩壊に決定的に貢献するアルジェリア人民の大義は、すべての自由なる人間の大義である」ことを謳いフランス知識人百二十一人が署名した。

**＊6　バートランド・ラッセル**
一八七二～一九七〇。イギリスの数学者、哲学

者、評論家。平和主義者として第一次世界大戦に反対したためケンブリッジ大学講師の職を失う。第二次世界大戦後は核廃絶を訴え、戦争犯罪を糾弾した。

**＊7　五月革命**
一九六八年、フランスで学生運動をきっかけに起こった広範な社会的異議申し立て運動。パリ大学の学生が大学改革を要求したことに端を発し、労働者のゼネストや知識人のデモが行われた。ド・ゴールは解散・総選挙によって事態を鎮静化させたが、政権への信頼回復には至らず、翌六九年辞任した。

**＊8　コーン＝ベンディット**
一九四五〜。フランス生まれのユダヤ系ドイツ人。パリ大学の分校ナンテールの大学生として、五月革命において指導的役割を果たした。現在は欧州議会議員を務める政治家。

**＊9　毛沢東派（マオイスト）**
五月革命以後の新左翼解体期（一九六九〜七〇）、毛沢東に倣って大衆的実践から出発しようという考えに立つ者が中核となって推進した運動。

**＊10　『唯物論と革命』**
サルトルが正面からマルクス主義を論じたほぼ最初の論文（一九四六年発表）。第一章「革命の神話」は哲学理論としての弁証法的唯物論に対する論理的批判。第二章「革命の哲学」では抑圧者がつくり出した状況から「離陸する可能性」、すなわち革命の条件としての「自由」も論じられ、「労働のヒューマニズム」（自由を出発点としつつ自由を目的とする一つのヒューマニズム）の視点が築かれる。

**＊11　『弁証法的理性批判』**
マルクスが史的唯物論の法則として〈存在〉と〈知〉の両者のうちに保持させようとした〈弁

証法的理性〉を基礎づけることをめざした哲学著作。歴史の全体化（個が全体へ向かって自己を乗り越えていく運動の過程）を個人・集団・歴史の順に弁証法的理性の運動として把握しようとする壮大な試みだったが未完に終わった（一九六〇年刊）。

**＊12 マラルメ**
一八四二〜九八。ヴェルレーヌ、ランボーと並ぶフランス象徴派の代表的詩人。詩「牧神の午後」「骰子一擲」など。

**＊13 ベルナール＝アンリ・レヴィ**
一九四八〜。アルジェリア生まれの思想家、作家。ジャック・デリダ、ルイ・アルチュセールに師事。近著に『誰がダニエル・パールを殺したか？』など。『サルトルの世紀』邦訳は藤原書店刊、二〇〇五年。

**＊14 『反逆は正しい』**
サルトル、フィリップ・ガヴィ、ピエール・ヴィクトールの三者による討論の記録。ピエール・ヴィクトールは別名ベニイ・レヴィ。邦訳については11ページの参考文献を参照（一九七四年刊）。

**＊15 「いま　希望とは」**
一九八〇年、フランスの週刊誌「ル・ヌーヴェル・オプセルヴァトゥール」に発表されたサルトルとレヴィの対談。日本では雑誌「朝日ジャーナル」に海老坂武訳で掲載された。『いまこそ、希望を』と改題されて書籍化（光文社古典新訳文庫）。

**＊16 ベニイ・レヴィ**
一九四五〜二〇〇三。ユダヤ系のフランスの哲学者・作家。ピエール・ヴィクトールの名でプロレタリア左派と呼ばれる戦闘的な組織を結成して以後、毛派の指導者とみなされる活動家

だった。機関誌『人民の大義』の編集長役をサルトルに依頼したところから関係が始まった。

**＊17　人権宣言**

「人間および市民の権利の宣言」とも。一七八九年八月二十六日、国民議会によって採択された、フランス革命の理念をあらわす宣言。法の下の平等、国民主権、権力の分立、私有権の不可侵などが規定されており、その維持は政府の義務とされた。

ブックス特別章

# 希望はどこに——二十一世紀の世界とサルトル

## 監理者としての共同体

二〇一一年三月十一日、私はたまたま沖縄の那覇にいました。普段テレビはろくに見ないのですが、東北に大地震が起こった、沖縄にも津波がくるかもしれないと、わざわざ海の波立ち方を見に行くなど、呑気な受け止め方をしていました。津波による被害の実情と福島の原発事故を知ったのは翌日以降のことです。そして以後、多くの日本人と同じように、毎日、原発事故のニュースを追っていました。地震と津波が生み出した惨禍についてももちろん無関心ではあり得ませんでしたが、これから何が起こるかわからない、という不気味な臨場感があるために、どうしても原発事故の方に関心が集中したようです。何しろフランスの大使館などはすぐにインターネットを通じて、在日フランス人に関東地方から離れるように促していたのですから。

そのとき私は二つの文章を思い出しました。一つは第1章で短く引用したサルトルの「大戦の終末」という文章で、一九四五年八月二十二日に、原爆投下を知って程なく書いたものです。この短いエセーの流れを簡単に記すとこうです。

第二次大戦は終了した、しかし完全に終わったのか。世界の情勢を眺めるとどうもそうではない。戦争は終わったが、平和が始まったとは言えない。いま二人の巨人が睨み合っている。次の戦争はどうなるか。一発で十万人を殺す爆弾ができて、地球を破裂させるかもしれない――こう述べた後に次のような悲壮感の漂う文章が続きます。第1章では短くしか引くことができなかったので、少し長く引用します。

「今や我々は、この「世界終末の年《ラン・ミル》」L'An Mil へ戻ってしまったのであり、朝起きる度毎に、時代の終焉の前日にいることになるであろう。（中略）神が死んでしまった後に、今や人間の死が予告されているのだ。今後は、私の自由は、更に純粋になり、今日私がする行為に対して、神も人間もその永劫の証人とはならないだろう。今日という日に、また永劫に、私は、私自身の証人にならねばならぬのだ。（中略）そして、全人類も、もしそれが生存し続けて行くものとすれば、それは単に生れてきたからという理由からそうなるのではなしに、その生命を存続せしめる決意を樹てるが故に、存続し得られるということになろう。もはや人類というものはない。原子爆弾の監理者となった共同体は生物界の上にある。なぜならば、生物界の生と死との責任を持つに至っているからだ」（渡辺一夫訳）

原子爆弾の監理者となった共同体……そのとおりではないでしょうか。どうしてそうでないわけがありましょう。そしていま、私たちは原子爆弾だけではなく、原発の監理者としての共同体になっている……。敏感な人はスリーマイル島の事故のときにも、チェルノブイリの事故のときにもそう感じたのかもしれないのですが、私の場合はそれが福島だったということです。

サルトルのこの文章を初めて読んだのは、大学二年のときでした。サルトル全集の当時『アメリカ論』と題された一冊の中に収められていました。一九五五年、大学のキャンパスの中で、また集会やデモで、「ああ許すまじ原爆を　三度《みたび》許すまじ原爆を　世界の上に」という歌がよく歌われていた時代です。

ただそのとき、私はサルトルの文章を受け身に読み、受け身に記憶していたようです。原爆を投下された被爆国の人間であるにもかかわらず、いやおそらく被爆国の人間であるがゆえに鈍感に読んだのかもしれません。またもう一つ、こういうことがあります。日本は原爆を所有していないということです。「原子爆弾の監理者」と言っても、持っているのはいくつかの大国であって、こちらができることは遠いところから「原爆許すまじ」と叫ぶことだけで、そのぶん責任意識が薄くなっていた。サルトルの文章を受け身に読んでいた、というのはそういうことです。

しかし今回は違います。今回は日本人は単なる犠牲者ではない。それが微細であるにせよ、放射性物資を空と海とにまき散らし、世界への加害者となっている、今後も原発を維持し続けることによって、さらに加害者になる可能性を否定できない。そうであればこそ、この文章を重い言葉として受け止めることができたのです。

私は思うのですが、あのとき菅首相が真っ先になすべきだったことは、世界の人に謝ることではなかったか。彼はそれをしなかった。スリーマイル島の原発事故のときにアメリカ大統領が謝らなかったように、チェルノブイリの原発事故のときにソ連の最高指導者が謝らなかったように、日本国の首相も謝らなかった。残念なことです。「原発の監理者としての共同体」という発想が誰にもまったく欠けていた、と言わざるをえません。

## 橋をわがものにする思想

二つ目に思い出したのが、マルティニーク生まれのフランス人でアルジェリア革命に加わったフランツ・ファノンの書『地に呪われたる者』の中の次の一節です。

「ひとつの橋の建設がもしそこに働く人びとの意識を豊かにしないものならば、橋は建設されぬがよい、市民は従前どおり、泳ぐか渡し船に乗るかして、川を渡っていればよい。橋は、空から降って湧くものであってはならない、社会の全景《パノラマ》にデウス・エクス・マキーナ（思いもかけぬ救いの神：引用者注）によって押しつけられるものであってはならない。そうではなくて、市民の筋肉と頭脳とから生まれるべきものだ」（鈴木道彦・浦野衣子訳）

すぐにおわかりいただけるでしょうが、私は橋のかわりに原発という文字をここに置いて考えていたのです。この箇所はじつは橋の建設の善し悪しを問うたというよりも、市民意識の重要性を説いた箇所で、ですからすぐそのあとで「市民の砂漠のごとき頭脳のなかに技術が浸透し、この橋が細部においても全体としても市民によって考え直され、計画され、引き受けられるようにすべきなのだ。市民は橋をわがものにせねばならない」と続くのです。

しかしこの文脈から離れて私はこんなふうに考えました。原発は何をもたらしたか。原発を設置した土地に雇用をもたらし交付金をもたらし、たくさんの施設をもたらしたかもしれない。しかし、そこに働く人々の意識を豊かにしたと言えるのか。またそれはその電力を利用している私たちの意識を豊かにしたと言えるのか、と。

それにあの原発はどのようにして建設されたのでしょうか。私たちの筋肉と頭脳とからもっとも遠いところから生まれたのではないでしょうか。まさしく国家と電力会社というデウス・エクス・マキーナによって押しつけられたもの、空から降って湧いたものではないでしょうか。

『地に呪われたる者』の中の次の一節もどうしても原発事故にむすびつけて考えたくなる箇所です。

「今日、人間の真正な解放に逆って戦っている帝国主義は、あちこちに腐敗の芽をばらまいている。それをわれわれはわが大地から、わが頭脳から、仮借なく検出し、えぐりとらねばならない」

帝国主義という言葉は新自由主義に置き換えてもよいし、利益優先主義に置き換えてもよいでしょう。腐敗の芽はもちろん放射性物質と置き換えることができます。ファノンはよくぞ「わが大地」と言ってくれた。文字通り、放射性物質をわが大地から検出し、えぐりとらねばならないのですから。では「わが頭脳」から検出し、えぐりとるべきものは何か。まずは原発の安全性神話です。また原発の安価神話です。ついで脱原発による経済危機神話です。そして最後にこうした神話の中にまどろんでいた私たちの知的怠惰と言わねばなりません。

私はもともと原発に反対でしたが、その反対は当初何か危険を感じるといった程度のものでした。しかし少なくともチェルノブイリの事故以後は明らかに危険なものであることがはっきりとしたはずです。故人となった友人の綿貫礼子さんらはチェルノブイリの原発事故の調査、とりわけ放射線による子供たちの健康への影響について精力的に調査を続け、体内被曝の深刻さについて警告を発していました。そのレポートが送られてくるたびに私の反対意見は固められていったのですが、結局は傍観するだけで何の発言もしてこなかった。自分の専門分野でないし、とりわけ疎《うと》い分野だったということがあります。要するに知的勇気の欠如と怠惰です。

しかし今度こそ考えを改めました。たとえ専門外のことであれ、たとえ知識が欠如していても、ここのところは判断していいというところがあるはずだ、それを言わなければ、と。この歳での新たな勉強は付け焼き刃になる程度かもしれないが、それでもいいではないかと考えています。原子物理学者であった武谷三男さんは原子炉を日本に作る計画が持ち上がったときに「日本には地震がおこり、津波が襲う。こういうところに原子炉をたくさんつくっていいのかね」と言ったそうですが（鶴見俊輔「日本人はなにを学ぶべきか」『思想としての3・11』所収）、二〇一一年、当時ロシアの首相だったプーチンさんも同じことを言っている。「地震帯の上に原発を作るなんて馬鹿げている」と。専門家に言われるまでもなく、またあのロシアの首相に言われるまでもなく、これが常識というものでしょう。

こうした常識をなんとか覆そうとしている専門家が何人もいるというのも奇妙な光景ですが、原発を正当化する唯一の論拠は経済的な論拠です。原発を廃棄すれば家庭に電力を供給できなくなる、電気代が高くなる、産業にとって大打撃になる、エトセトラ。こうした論拠にはいくつもの嘘があるようですがここではこの嘘には立ち入りません。真の問題は経済の問題ではないからです。文明の転換の問題、人間の生存のかかわった問題だからです。三・一一以後、イタリアは国民投票で脱原発の意思を確認しました。ドイツはメルケル内閣でいち早く原発停止を決め、国内にある十七基の原子力発電所を二〇二二年までに閉鎖することを決めました。これらの国々では「原発がなくなったら大変」という推進派の脅し、あるいは原発マフィアの暗躍は効かなかったのです。

## 二〇一一年——大いなる怒りの年

当然のことですがこの事故に目覚めて、この年多くの人が立ち上がりました。原発廃棄を求めての集会やデモが各地に起こりました。しかしいま特筆したいのは、それまで政治に無関心だと思われた若者たちもまた、政治に関心を持ち始めたことです。その代表的な例がＳＥＡＬＤｓ《シールズ》（自由と民主主義のための学生緊急行動）の運動です。

ＳＥＡＬＤｓの運動がどのようにして起こったかはその主たるメンバーが

『SEALDs 民主主義ってこれだ!』の中でつぶさに語っています。彼らの運動は二〇一五年の安保関連法案に対する反対行動として注目されたのですが、その前身には二〇一三年のSASPL(特定秘密保護法に反対する学生有志の会)があり、さらに遡ると二〇一二年の原発再稼働への反対運動がある。彼らが三・一一をどう受け止めたか。少し長くなりますがこの本に収められている芝田万奈さんの文章を紹介します。

「2011年3月11日の東日本大震災を機に、「社会」は私の願っていたものとはほど遠く、空虚なものとしか捉えることができなくなった。私の中にアンカーを沈めた親戚の死と、何ごともなかったかのように進んでいく他人の時間は、私という人間と社会との乖離《かいり》に思えた」。そこで彼女は本を読み、勉強し、考えを行動に移したりしながら、自分に「変える力」があることを証明したくて生きていく。そしてこう書いています。

「そしてこの数か月間、私はSEALDsのメンバーとして活動してきた。SEALDsは、私がこの4年間感じてきた怒りと絶望をポジティブに変換できるツールなのだと最近よく思う。誰に言われたわけでもなく、個人がみずからの意思で思考し、行動することを恐れず、社会の一員としての責任を至極まっとうに果たそうとしているだけなのだが、この事実に私は感動を覚え、希望を感じている」

「怒りと絶望」、それは多くの人に分け持たれた感情かもしれない。ただそれを行動の中でポジティブに変換できる、そして参加者が希望を感じる、そういう場を作ったこと、これはＳＥＡＬＤｓという運動の大きな意味ではないでしょうか。デモに参加していた寺田ともかさんもまた、この本の中でこう書いています。「だけど私、いま、この景色に、本当に希望を感じています」。

二〇一一年はまた、世界の民が専制に対して怒りに燃えて立ち上がった年でもありました。それは現在まで続く世界各地での異議申し立ての運動の元年であり、二十一世紀の希望を垣間見させた年であると私は考えます。何の希望か。あえて名づけるなら民主主義の再生の希望です。二〇一一年、世界で何が起こったかを簡単に振り返ってみましょう。

まずあのアラブの春と呼ばれる一連の運動がありました。はじめにチュニジアの若者が立ち上がります。きっかけは、許可がないということで取締の警官に暴行を受け、賄賂を要求された物売りの青年が、前の年の暮れに抗議の焼身自殺をしたことです。チュニジアは若者の失業率の高い国、抗議デモはあっという間に広がり、二十三年間以上政権の座にあったベン＝アリはまもなく大統領の職を辞してサウジアラビアに亡命しました。ジャスミン革命と呼ばれるものです。

次がエジプトです。チュニジアの革命に刺激を受け、勇気と希望をもらったのでしょう。ここでも若者が立ち上がりました。ムバラク政権の独裁に抗議し、毎日のようにデモを繰り広げ、一月経つか経たぬうちに、二月十一日、ムバラクを辞任に追い込んだのです。独裁と腐敗とは政権が長期にわたればわたるほど切っても切れない関係にあるようで、二つの国の二人の大統領も例外ではなかった。

その次がリビアです。カダフィ大佐には正式の肩書きがなかったそうですが、彼の気まぐれな独裁に民衆がどれだけ苦しんできたかはもう何年も知られていたことです。しかし二〇一一年、ついにリビアの民は立ち上がりました。しかしデモでは決着がつかず、五か月の戦闘の末に新政府が樹立されました。カダフィ大佐は銃撃戦で死亡したようです。ただ残念なのは米英仏に軍事的な介入を許したことです。米英仏を主力とするNATO軍の直接介入がなければ、結果がどうなったかはわからない。しかし石油利権目当てのこの軍事介入は禍根を残しています。

アラブの春の影響でしょうか。この年、あのアメリカでも民が動きました。九月十七日を皮切りに、「ウォール街を占拠せよ」のスローガンと共に、若者を主とする二千人が証券取引所のあるウォール街を行進し、路上に座り込み、近くの公園に寝泊まりをしながら運動を続けました。各種の報道によれば、アメリカでは上位一％の富裕層が合衆国の資産全体の三十四％以上を占めているとのこと、これは失業率が二十％を超える若者にとっては許しがたいことで、彼らが立ち上がったのは当然のことでしょう。その根底にあるのは単なる現状への不満ではなく、金が金を生み、金持ちがさらに金持ちになるという社会制度に対する怒りと考えられます。というのも彼らは何かを要求しているわけではまったくなかったからです。

## 精神のリレー――ステファン・エセル

二〇一一年はまた一人の大いなる怒りの人が発見された年でもあります。いや、再発見と言いましょう。なぜなら彼はロシア革命の年に生まれ、このとき九十三歳の老人で、彼の経歴にはすでに怒りの刻印が刻まれているからです。その名はステファン・エセル。前年十月にフランスで一冊の本を出しました。『憤《いきどお》れ』です。『怒れ』と訳しても良いでしょう。本といってもわずか二十ページ足らずの小冊子で、一冊一ユーロ（約一二〇円）です。この本がなんとフランスで百万部売れ、世界二十か国以上で翻訳されたのです（日本でもその後『怒れ！憤れ！』の題名で翻訳されました。ただし一冊がなんと八〇〇円でした！）

そこに何が書かれていたか。一言でいえば怒ることの重要さです。この世の不正と腐敗に目をつぶるな、という呼びかけ、とりわけ若者への呼びかけです。

著者自身書いていることですが、エセルの人生も怒りから始まっています。フランスの降伏とナチスドイツによる占領（一九四〇年）に怒りを覚えたエセルは対独レジスタンスを呼びかけたド・ゴールの声に応えて、ロンドンに駆けつけた最初の一人でした。そしてフランスにひそかに戻り、レジスタンスの運動に実際に参加し、捕らえられ、拷問を受け、危うく処刑されるところでした。

そのエセルが九十三歳になって再び怒っている。その怒りはどこから来ているのか。今日のフランスが、レジスタンスの中から生まれた理念、諸原則を踏みにじっている、というところからきている。エセルが参加した「レジスタンス国民会議」（ＣＮＲ）はドイツ軍に対する抵抗運動を組織しただけではなく戦後フランスのとるべき方向をその綱領の中で定めていました。エネルギー資源（電気、ガス、石炭）の国有化、大銀行、大保険会社の国有化、社会保障の創設、報道の自由と独立、教育の平等などです。〈公〉の利益を〈私〉の利益に優先させるという、ある意味では社会主義の理念を包括するものでした。

ところが二〇一一年のフランス社会はどうか。いったん国有化された銀行や大会社のほとんどが民営化されました。そして経済的リベラリズムの跋扈《ばっこ》と共に、金権全能の時代となり、ご多聞にもれず貧富の差がそれまでになく拡大している。金融市場の専制によって平和が脅かされ、民主主義が空洞化している……この現状がエセルの怒りの源です。これはいわば原点回帰による怒りです。レジスタンスの時代から戦後にかけてのあの理想はどこにいったのかという怒り。

エセルの原点はもう一つあります。それは一九四八年十二月十日に国連で採択された「世界人権宣言」で、エセルはその宣言の起草にかかわっていたのです。この宣言は、彼の頭の中では、ナチズム、ファシズム、全体主義への戦いにつながり、レジスタンスの精神にもつながっているものです。国籍への権利、社会保障への権利をうたっているこの宣言は、被植民地国の人々の民族独立闘争の根拠にもなっていた。ところがいまはどうか、移民労働者、不法入国者に対する差別的な対応を見よ、と。

ところでこの小冊子にはサルトルの名が再三登場します。エセルは政治的にはド・ゴール派でしたし、経歴は外交官です。決して反体制一筋ではないのですが、いわば一九四五年の実存主義の洗礼を受けた世代で、この小冊子の中でもサルトルからの影響をはっきり語っています。そしてあちこちでサルトルの言葉に触れている。一つは暴力について考察している箇所です。

サルトルは一九五四年から七年続いたアルジェリア戦争の間にいくつもの文章を発表しています。植民地支配の不正について、フランス軍隊による蛮行について。ファノンの『地に呪われたる者』への序文もその一つでしたが、そこでは植民地暴力こそが被植民者の暴力を生み出したこと、したがってアルジェリア人の反乱・戦争＝暴力的解決は正当であり、この暴力によって、植民地原住民の「奴隷的性格」が消滅し、「人間」に少し近づいたのだと書いていていました。

エセルはテロリストの暴力は理解できるという点でサルトルに同意しつつ、しかし暴力は無効で、非暴力こそ暴力をやめさせる「より確実な手段」であるとして異を唱えている。そしてサルトル自身晩年には暴力についての考えが変わったではないかと。たしかに二十年後の対談の中でサルトルは若干言い過ぎたことを認めています。ただサルトルが非暴力主義に変わったのかどうか、ここは検証の必要なところでしょう。

エセルが『憤れ』の次に出版した本は、なんとアンガジュマンを説いた『参加せよ』(Engagez-vous!)という題名の小冊子でした。若者に向けて政治参加をせよと訴えたのです。サルトルからエセルへと確実に受け継がれたバトン、これは精神のリレーと言うべきでしょうか。

## 二十一世紀の世界——戦争・難民・排外主義

二〇一一年から十年、サルトルが亡くなってからは四十年が経とうとしています。世界はより平和に、より明るくなったでしょうか。アラブの春は実を結んだでしょうか。先にあげた運動は実を結んだでしょうか。エセルの怒りを生み出した要因は消滅したでしょうか。どう見ても、そうとは言えないようです。相変わらず戦争が行われ、相変わらず専制政治は消滅せず、相変わらず国籍への権利は保証されず、相変わらず移民労働者への差別はなくなっていない。そして何よりも民主主義が空洞化しているのではないか。

先に引用した「大戦の終末」の中で、サルトルはこうも書いていました。「戦争が終わったというけれど、それは要するに今度の戦争が終わったという意味だ。未来のことは保証されてはいない。つまり我々は、あらゆる戦争が終末することを信じていない」。この文章にはこの時期のサルトルのペシミズムが感じられますが、この予言めいた「信じない」は不幸にして二十一世紀の現実となっています。

二十一世紀の最初の戦争はアフガニスタンで起こりました。アメリカ大統領ブッシュは、二〇〇一年の九・一一の後、非常事態を宣言して「テロとの戦い」を呼びかけ、国連決議を必要としない「集団的自衛権」の名のもとに多国籍軍を動員し、ビン・ラディンを差し出さぬという理由でアフガニスタンに侵攻したのです。そしてタリバン政権を倒しました。この戦争の推定死者数は四万人以上です。それは何のための戦争だったのか。単なる報復戦争ではなかったのか。しかもこのときビン・ラディンを捕まえることはできなかった。

二〇一一年、オバマによって戦争終結宣言がなされましたが、情勢はいまなお不安定で、この原稿を書いている二〇一九年十二月にも米軍基地への攻撃があり、死者二名、負傷者七十人という報道がなされました。中村哲医師殺害のわずか一週間後のことです。ノーベル平和賞なるものは本来政治家に与えるべきものではなく、非戦の姿勢を崩さずに人々の生活安定に大きく寄与した中村医師のような人にこそ与えられるべきものと私は考えますが、この殺人は個人的な災難ではなく、二十年近く続く無意味な戦争の犠牲と見るべきでしょう。

ついで二〇〇三年のイラク戦争です。二〇一一年十二月、アメリカ軍の最後の兵隊がイラクの土地を離れましたが、フランスの新聞「ル・モンド」は、イラクへの軍隊の派遣はここ三十年間のアメリカの「最大の愚行」と酷評しています。しかし二十万人の人間を殺した戦争を「愚行」と呼ぶだけで足りるでしょうか。そしていまイラクはどうなったか。あとを継いだシーア派政権の腐敗、汚職、そして失業に対する抗議運動が二〇一九年十月から始まり、首相は辞任に追い込まれています。

ついで二〇一一年からのシリアの内戦、と言うか、ＩＳやクルド、さらにはトルコやロシア、西欧の有志連合を含めた複合戦争です。長く続いた戦争は終わったかに見えますが、この戦争によって五十万人以上の人間が殺されたとのことです。他方、有志連合の空爆は西欧諸国内部でのテロによる反撃、あるいは報復を引き起こしました。二〇一五年一月のパリでのシャルリー・エブド誌襲撃事件（死者十二名）や十一月の同時多発テロ（死者百三十名）はいまなお記憶に新しいことです。そして停戦協定が結ばれたにもかかわらず、内戦は依然として続いています。

「アラブの春」も、必ずしも幸福な結末を迎えてはいません。エジプトではムバラク政権を倒した後に成立したムスリム同胞団の政権が軍事クーデタによってひっくり返され、以来軍政が敷かれたままです。リビアでは、暫定政府が成立したものの、武装組織とのあいだに戦闘が続いています。そしていまではトルコとロシアが介入しています。

新たな戦争も始まっています。また新たな戦争の危機も迎えています。二〇一五年に始まったイエメン内戦は二〇一九年十一月、一応の休戦にはなりましたが、背後にいるサウジアラビアとイランとのあいだには緊張が高まっています。また、トルコとクルド勢力との戦いがおこなわれています。ミャンマーではイスラム教徒の少数民族ロヒンギャが、政権による「掃討作戦」によって多数殺され、約七十万人が難民として隣国バングラデシュに逃れたとのことです。その「掃討作戦」がジェノサイド（集団殺戮）に当たるかが国際司法裁判所で審議されています。

そして二〇二〇年に入ってからは、イランとアメリカのまさに一触即発の危機です。いつどこで大量殺戮を伴う大戦争が起こるかわからぬというのが世界の現状でしょうか。

前にも記しましたが、二十世紀は歴史のどんな世紀にもまして人間が人間を殺した世紀です。一体何人を殺したのでしょうか。ある試算によると、十九世紀までに人間が人間を殺した数を上回るとのことです。そうなると、「人間とは何か」という問いに対して「同種族をもっとも多く殺す動物」という定義がなされてももはやおかしくありません。二十一世紀はこうした同種族の殺し合いの泥沼を抜け切れているのでしょうか。二十世紀の負の伝統を依然として引きずっているのではないか。もしかしたら、それを拡大して、人間による人間殺しがさらにさらに増えていくのではないか。

シリアでは人口二千二百万人の約半数が国の内外に移住を余儀無くされたとのことです。シリアからの難民の多くはトルコに逃れたわけですが、アフリカからの難民ですでに頭を悩ませているヨーロッパ諸国は彼らが国境をこえて西側になだれ込んでくることを極度に恐れている。原因は一にも二にも戦争なのです。それも多くは米英仏露に責任のある戦争です。

難民は西欧世界に新たな潮流、政治勢力を生み出しました。排外主義です。フランスの国民戦線、イタリア、オーストリア、ポーランド、ハンガリーの極右勢力です。いずれも国粋、伝統文化の名において異文化の人間を受け入れようとしない。強権で排除しようとしている。これらの勢力を大きくさせたのは、難民だけではありません。グローバリズムに由来する貧富の格差への不満があることを見逃してはならないでしょう。これら全ては民主主義を鈍化させる要因です。

## 「民主主義的に生きること」──希望の芽

第4章でも触れましたが、「いま 希望とは」というインタヴューの最後のところでサルトルは大きくいえば二つのことを語っています。一つは希望について、もう一つは友愛の民主主義についてでした。そして、「民主主義的に生きること」という言葉を発しています。この箇所をもう一度引用します。

「民主主義というのは私としては、権力の政治的形態ないしは権力の生み出し方の政治形態というだけではなく、生そのものであり、生の形態であるように思われるからだ。民主主義的に生きること、他のいかなるものでもなくこうした生の形態こそ、現在の私たちから見て人間たちの生き方となるべきだと思われる」

これが、形骸化した民主主義、議会中心の間接民主主義への批判であることは明らかです。何年かに一度、投票箱に出かけていくだけの政治形態、議会での本物の討論の不在、こうした民主主義の形骸化、さらには政治家の劣化は、今、この日本においてこそいちじるしいのではないでしょうか。

ところで「民主主義的に生きること」とは何を意味しているのでしょうか。サルトルはこれ以上説明していませんが、その説明を求める必要はないでしょう。それは創造すべきものとして私たちに投げかけられた言葉として受け止めたい。それにその具体的な姿は今日の世界のいくつかの運動の中に垣間見られると私は考えます。

ここでもまず、先に触れたＳＥＡＬＤｓの運動、そのメンバーの意識に注目したい。例えば、特定秘密法案に反対する本間信和さんの次の言葉。

「今年が豊作かどうかわからないけれど、僕らは今日種を植えます。（略）これは非日常などではなく、僕たちの日常そのものです。楽観も悲観もなく、今日一日の仕事を始めましょう」（『ＳＥＡＬＤｓ 民主主義ってこれだ！』）

デモへの参加は非日常ではない、それは日々の生活の中で種を植えることと同じなのだ、と言いたいのでしょう。辺野古基地の建設に反対する「ゆんたくるー」という団体で活動する元山仁士郎さんも「生活と政治は遠いものではない」と考える。大学の課題があるなら、みんなで課題を持ち寄って、ゲート前でやろうと。腹が減ったらゲート前で飯を食おうと。

彼らはまた〈私〉の言葉にこだわっている。〈私〉の言葉に感動している。

「僕たちは、私が「私」たりうるために、自分の言葉を紡ぎましょう。国に語らせるのではなく、自分たちで、自分の言葉で語りましょう」（小林叶／同前）。

「私は、ＳＥＡＬＤｓで活動をはじめてから、多くの学生が「わたし」を主語に話すスピーチに何度も心を動かされた。それは、ジェンダー、国籍、階層、文化的背景などのさまざまなアイデンティティの束であるそれぞれの個人と私とのあいだに確かに通じ合うものを感じたからである」（大澤茉実「ＳＥＡＬＤｓの周辺から」『現代思想　安保法案を問う』二〇一五年一〇月臨時増刊号所収）。

こうした言葉は一九六八年のフランスの「五月反乱」を思い出させます。五十二年前のあの壮大な運動は政治革命としては失敗しましたが、たくさんの新しい言葉を生み出した文化革命として、その後のフランス社会を大きく変えました。その新しい言葉の一つが、「革命とは〈私は〉と言うことだ」でした。

次にフランスの運動の例をあげます。二〇一六年、フランスに滞在したときに目にしたのが「夜　立ち上がれ」（Nuit Debout）とでも訳せるような若者中心の運動です。

発端となったのは、当時の社会党政権が出してきた労働法の改正案です。労働時間（週三十五時間）の延長を可能にし、解雇を簡易化し、転勤や部署異動を拒否する権利の制限など、雇用者側の意向に沿った改正案で、多くの労働組合が反対しました。

「夜　立ち上がれ」の運動の特色は、この法案に反対する仕方です。彼らは三月三十一日以来、パリの由緒ある広場、レピュブリック広場にテントを持ち込み、昼夜交代で居座ったのです。ただ座り込んでいるだけではありません。日により時間により人数は違うのですが、グループにわかれていくつかのテントの中で話し合っている。こうした「夜　立ち上がれ」の運動はフランス全土で六十の都市に広がったとのことです。

そこで何を話し合っていたのか。彼らのホームページによれば、いくつかの委員会がそれぞれのテーマを立ててそれぞれの集合時間を知らせていました。例えば、民衆教育について考えるグループ、第六共和制（現在は第五共和制）に向けて憲法の書き換えを討議するグループ、グローバル資本主義をグローバルに破壊する戦略を練るグループ、抽選デモクラシーを考案するグループなどがありました。つまり労働法改正法案に対する反対から集まった人々が、それだけでなく自分たちの生活の全体を、そしてフランスの政治・社会のシステム全体を見直す作業に、集団的に取り組んでいたのです。

ではどのように話し合うのか。どのように物事を決めるのか。そこには

ＳＥＡＬＤｓと共通した発想が見られます。第一にピラミッド型の構造をしりぞけ、水平的組織に徹したこと。リーダーシップというものを認めないのです。第二に全員同じように発言の権利を持ち、皆肩書きなしに発言をすること。では何かを決めるときはどうするのか。多数決で決めることには反対する声が多く、全員一致が得られるまで話し合おうとする。これは議会制民主主義が多数決の横暴をあまりにもしばしば見せつけてきたからでしょう。ＳＥＡＬＤｓ運動、「夜　立ち上がれ」の運動、いずれも「民主主義的に生きること」を示唆してはいないでしょうか。

二〇一九年から二〇二〇年にかけても、若者を中心としたさまざまな異議申し立ての運動が世界のあちこちで起こっています。レバノンでは増税をきっかけに、アルジェリアでは大統領の五選に反対して、イランではガソリン代の値上げに反対して、フランスでは「黄色いベスト」のトラック運転手による道路封鎖とデモ、半年以上前から始まっている香港の運動……数え上げればまだまだいくつもあります。地球の気候変動に対策を取ろうとしない無能な政治家、無気力な大人たちを国連で弾劾したグレタ・トゥーンベリさんの演説、それに呼応した世界の若者たちの怒りの運動も忘れることができません。

どの運動にも違いがあり、一言ではくくれません。しかし、どの運動にも多数決の上にあぐらをかいた閉じられた民主制への不信があるとは言えるでしょう。「草の根民主主義」、「開かれた民主主義」、「ラディカル民主主義」、どの言葉を用いるにせよ、民主主義の再創造を求めていることはたしかです。いや、二十一世紀の希望はそこにしかないのかもしれません。二十世紀には「社会主義」という希望が未来を照らしていました。第4章ですこし触れたサルトルの『弁証法的理性批判』もまたこの希望に賭けた営みでした。しかし「社会主義」の可能性は一九八九年のベルリンの壁の崩壊によって完全に葬り去られました。その破綻はサルトルには世を去る以前に見えていたはずです。「民主主義的に生きること」は、生涯を賭けたこの希望の瓦解という苦い思いの中で、「絶望」の中で、どこに向かうべきか北極星さえ見失いつつある世界の中に、それでもなお育《はぐく》もうとした「希望」の芽に思われます。

（二〇一九年十二月〜二〇二〇年一月記）

## サルトルとその時代

| 西暦 | ◁ 社会の出来事 | ◁ サルトル年譜 |
| --- | --- | --- |
| 一九〇五 | | 六月二十一日、パリに生まれる |
| 一九〇六 | | 海軍士官の父が死去。母方の祖父母のもとで暮らす |
| 一九一四 | 第一次世界大戦（〜一八） | |
| 一九一七 | ロシア二月革命、十月革命 | 母再婚。ラ・ロシェルで暮らすが養父とは折り合いが悪かった |
| 一九二八 | | 教授資格試験に失敗。留学中の九鬼周造の家庭教師としてフランス語、フランス哲学を教える |
| 一九二九 | 世界経済恐慌 | 教授資格試験に合格。シモーヌ・ド・ボーヴォワールと契約結婚を結ぶ。兵役に就く |
| 一九三一 | | 兵役解除。ル・アーヴルの高校の哲学教師になる |
| 一九三三 | ヒトラー、ナチス政権樹立 | ベルリンで現象学を学ぶ |
| 一九三八 | ミュンヘン会談 | 『嘔吐』出版 |
| 一九三九 | 第二次世界大戦始まる | アルザスの陸軍気象観測班に配属される。『奇妙な戦争』執筆 |
| 一九四〇 | ドイツ軍、パリ占領。ヴィシー政権成立 | ドイツ軍の捕虜となる。収容所で「バリオナ」上演 |
| 一九四一 | | パリに帰還。レジスタンス組織「社会主義と自由」結成、まもなく解散 |
| 一九四二 | | サン・ジェルマン・デ・プレのカフェで執筆に励む |

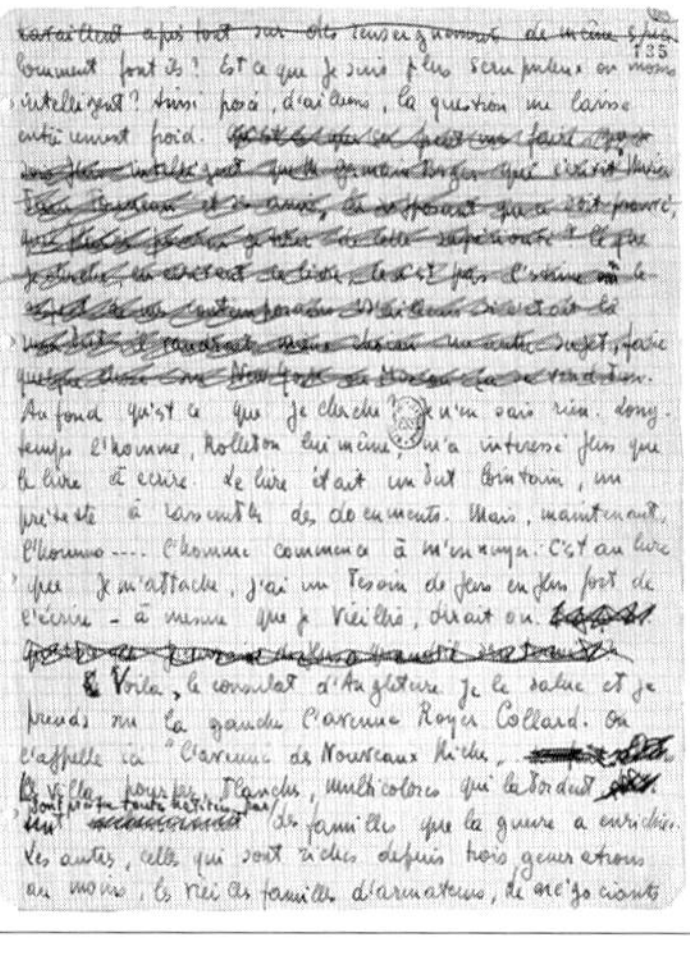

『嘔吐』原稿（フランス国立図書館蔵）

| | | |
|---|---|---|
| 一九四五 | 第二次世界大戦終結 | 『出口なし』『自由への道』(第一・第二部)出版。「フィガロ」「コンバ」の特派員として渡米し四か月滞在。「レ・タン・モデルヌ(現代)」誌創刊。講演**「実存主義はヒューマニズムである」**を行う |
| 一九四六 | インドシナ戦争(〜五四) | **『実存主義とは何か』**出版 |
| 一九四八 | ベルリン封鎖 | 革命民主連合(RDR)設立に参加。ローマ教皇庁がサルトルの著書を禁書目録に掲載 |
| 一九四九 | 中華人民共和国建国 | 『自由への道』(第三部)出版。RDR脱退 |
| 一九五二 | | 『聖ジュネ』出版 |
| 一九五四 | フランス軍、インドシナから撤退。アルジェリア独立戦争(〜六二) | |
| 一九五六 | ソ連共産党、スターリン批判。ハンガリー動乱 | ソ連政府ならびにフランス共産党との絶縁を表明 |
| 一九五九 | キューバ革命 | |
| 一九六〇 | | 『弁証法的理性批判』出版。キューバ訪問、カストロ、ゲバラと会見。「百二十一人宣言」(「アルジェリア戦争における不服従の権利の宣言」)に署名 |
| 一九六四 | 米軍、ヴェトナムで北爆 | 『言葉』出版。ノーベル文学賞を辞退 |
| 一九六六 | 中国文化大革命始まる | ボーヴォワールとともに来日 |
| 一九六七 | | アメリカの戦争犯罪を裁く国際法廷(ラッセル法廷)の議長をつとめる |
| 一九六八 | パリ「五月革命」。チェコ「プラハの春」 | 「五月革命」で学生への支持を表明 |
| 一九七〇 | | 毛沢東派機関紙「人民の大義」編集長を引き受ける |
| 一九七一 | | 『家の馬鹿息子』出版(〜七二) |
| 一九七三 | | 「リベラシオン」紙創刊。眼底出血で視力をほぼ失う |
| 一九八〇 | | 最後のインタヴュー「いま　希望とは」発表後、肺水腫で入院。四月十五日死去 |

# 読書案内

基本的な文献を挙げました。このほか写真、映像にも優れた作品があります。

## ◉サルトルの著作

『嘔吐』［新訳］鈴木道彦訳、人文書院、二〇一〇年

内容は第1章で詳しく紹介した通りです。とっつきにくい小説で、私は学生時代に読み始め、たしか二度、途中で投げ出しています。しかし、三度目にある段階を越えると俄然面白く感じられ、あとは一気に読み終えたことを覚えています。さあ、どうぞ。

『存在と無』全三巻　松浪信三郎訳、ちくま学芸文庫、二〇〇七〜〇八年

これも読みにくい作品です。特に冒頭は相当な忍耐力を必要とするでしょう。訳者の松浪さんでさえ「緒論」の五十ページはとばして第一章から読むことを勧めているくら

いです。私は、すっと頭に入ってこない箇所はやめて面白そうな箇所から読んでいくことをお勧めします。たとえば第一部第二章の自己欺瞞を論じているところ。あるいは第三部第二章の「まなざし」を論じているところ。「見る―見られる」はこの時期のサルトルにとって自己と他人とを結ぶ根本的な関係で、同時期に書かれた劇作『出口なし』はまなざしの葛藤をドラマ化した作品です。

巻末の「実存主義的精神分析」はおそらくこの本の中で最も面白い箇所でしょう。我々の人生のほとんどは「穴ぼこ」を塞ぐことに費やされているという「穴ぼこ論」、食べ物の好みも女や男の好みもスポーツの好みも、すべて意味があって分析可能だとする視点、私の目からどっと鱗が落ちた箇所です。コンプレックスやリビドーを人間の根本的な欲望と考えるフロイトを乗り越えようとする若きサルトルの挑戦です。

『自由への道』全六巻　海老坂武・澤田直訳、岩波文庫、二〇〇九〜一一年

第二次大戦前夜から戦争期にかけての世界史的出来事（ミュンヘン会談、独ソ協定、パリ陥落など）が背景で、主人公は哲学教師、サルトルの分身です。彼と彼を取り巻く人々はすべてシングルであり、青春を抜け出したものの〈大人〉への移行を拒否しているモ

ラトリアム人間。その彼らがいずれも時代の波に飲み込まれながら、真の自由を求めていく――これが主題です。

この小説は技法の上で二つの大きな工夫がなされています。一つは出来事への光の当て方で、登場人物の何人かが交互に光源となって、一つの状況は一人の人物の眼を通してしか照らし出されないのです。もう一つは第二部の「猶予」で採用されているモンタージュの手法。ミュンヘン会談が開かれている一週間、物語の空間はミュンヘンだけでなく、プラハ、マルセイユ、モロッコと回り舞台のようにぐるぐる移動し、ブルジョア、労働者、農民など各階層の百人以上の登場人物がこの歴史的時間をどう生きているか、彼らの意識の断片が切り取られて提示されています。全体は誰によってもとらえられず、事件の同時性だけが浮かび上がるのです。

『聖ジュネ』上下巻　白井浩司・平井啓之訳、新潮文庫、一九七一年

詩人ジャン・ジュネの評伝です。生後半年で児童養護施設の前に捨てられたジュネは地方の農家に里子として引き取られます。ある日盗みの現場を押さえられ、「お前は泥棒だ」と言われる。ジュネはこの言葉を引き受けて「俺は泥棒になろう」と決意する。

この決意にサルトルは感動する。そして共同体の言語から排除されてコミュニケーションが不可能になったジュネの言語意識に注目しながら、彼の意識を内側から再構成し、いかにして泥棒から天才詩人が誕生したかを描き出していくのです。社会の価値観から疎外され（泥棒、男色）、道具や言語から疎外され（交通手段、隠語）、賤民として扱われながら、いかにして可能性を切り開くか。「彼の天才とはその生の条件を果てまで生き抜くという不動の意志と一体をなしている」というオマージュからは並々ならぬ共感が感じられます。

『言葉』澤田直訳、人文書院、二〇〇六年

サルトルの十二歳までの自伝です。「読むこと」「書くこと」の二部からなり、どのようにして本を読むことになったか、どのようにしてものを書くようになったか、言葉人間の誕生が主題です。早くに父を失った子供が祖父と母親に愛され、父親の権威を知らずに育った幸運が語られているのも注目されます。「ああ、これがサルトルの文体だ」としみじみ感じられる魅力ある文体の作品です。

『家の馬鹿息子　――ギュスターヴ・フローベール論』全五巻　平井啓之他訳、人文書院、一九八二年〜

サルトルの最晩年の大作。十九世紀の作家ギュスターヴ・フローベールの評伝で、一人の作家が一人の作家について書いたおそらく世界一長い評伝です。ただ、生涯をなぞっただけの伝記ではなく、幼い頃に言語障害のあった子供がいかにして大作家となったかがテーマです。一方で作品を徹底的に読み込みながら、他方で時代背景、家族構成、学校教育などから、ギュスターヴ少年がどのような人間になっていったかを、実存主義、マルクス主義、精神分析学、社会学など、二十世紀の知の方法を駆使して解き明かそうとしたもの。壮大な家族論としても読むことのできる作品で、難解ですが、何よりも読者自身の自己理解を助けてくれる本です。日本語訳は現在のところ第四巻まで出版されており、第五巻は今年（二〇二〇年）出版される予定。

『奇妙な戦争――戦中日記』海老坂武他訳、人文書院、一九八五年

サルトルの死後刊行されたもの。第二次大戦に動員されたサルトルが、一九三九年九月から八か月の間、アルザス地方を転々としながらつけていた膨大な日記の一部。独仏

両軍が国境線で睨み合ったまま戦闘が起こらなかった〈奇妙な戦争〉と言われた時期に対応します。日記の四分の一は〈戦争世界〉の中での日々の生活の出来事と仲間の兵隊との会話ですが、残りの四分の三は、読書ノートや自己反省の記述、また『存在と無』に結実する思索です。その中で注目に値するのは、脱走はできない、戦争は拒否できないとわかったときに、この戦争を受け入れて耐え忍ぶという考えから、これを積極的に引き受けるという方向に引っ張られていく思考の動きです。この動きは、同じ時期に、天皇制ファシズムの下で戦争に狩り出されて死んでいった日本の多くの若者が残した手記、たとえば『きけ　わだつみのこえ』などと比較してみたいところです。

## ◉そのほかの参考図書

サルトルを論じた著書は翻訳を入れると、おそらく五十冊ぐらいあるかと思いますが、ここではサルトルというかなり変わった人物、見方によっては現実離れのしたおかしな人物の像が浮かび上がってくる三冊の本を紹介するに留めます。

シモーヌ・ド・ボーヴォワールの自伝四部作『娘時代』『女ざかり』『或る戦後』『決算

のとき』朝吹登水子他訳、紀伊國屋書店、一九六一年〜七四年

何と言っても生涯の伴侶——同志であった人のこの自伝です。ボーヴォワール自身の歩みと思索が中心ですが、二十四歳のサルトルと出会って以後の、ほぼ四十年にわたる二人の人生が個人的にも社会的にもどのようなものであったかがつぶさに語られています。

シモーヌ・ド・ボーヴォワール『別れの儀式』朝吹三吉他訳、人文書院、一九八三年

「別れの儀式」と題された前半の文章は、サルトルの死後、ボーヴォワールが日記をもとにして書いたもの。『決算のとき』の後にくる一九七〇年から十年間のサルトルの仕事や旅が物語られているのですが、同時に失明をしたサルトルの老いの有様も克明に描かれています。サルトルの最後の言葉が「大好きだ、ぼくのカストール」であったことも。

後半には一九七四年になされた二人の対話が収録されています。そして文学や哲学についてだけではなく、女性や食べ物やお金など二十一のテーマについて縦横に話が展開されており、サルトルという人を知るための欠くべからざる資料となっています。

アニー・コーエン＝ソラル『サルトル伝』上下巻　石崎晴己訳、藤原書店、二〇一五年
サルトルの伝記的事実について、これまでのところ最も詳しい著作。ジャーナリズムの手法での伝記で作品の分析はあまりありません。サルトルの母方の情報はサルトル自身『言葉』の中で語っていますが、彼が無視した父方の情報をはじめ、これまで知られていなかった事実を知ることができます。

# あとがき

『実存主義とは何か』は第1章で記したように一九四五年十月になされた「実存主義はヒューマニズムである」という講演とそれに続く討論を本にしたものです。サルトルはそれまでは有名人ではありませんでした。戦前に『嘔吐』や『壁』といった作品を発表していて、すでに小説家として名をなしていましたし、戦争中の一九四三年に刊行された『存在と無』によって新進の哲学者としても注目を浴びていました。しかし、彼の小説や哲学作品は誰にでも近づけるというものではなかったからです。

それに対してこの講演はわかりやすく、実存主義とは何かを簡潔に語っています。また第二次大戦直後のフランス人の気分をすくい上げていることもあり、講演の翌日、いくつかの新聞がこれを大々的に取り上げました。それに加えて、同じ十月に長編小説『自由への道』の第一巻と第二巻が刊行され、さらに、サルトルを編集長とする『レ・タン・モデルヌ』誌が創刊されました。その「創刊の辞」でサルトルは、作家は時代の中に、状況の中にいる、何をしても「巻き込まれている《アンガジェ》」、言葉も沈黙もすべて意味を持ってしまう、そうである以上、時代と一つになり、時代と社会に対して積極的に責任を引き受けよう、というアンガジュマン宣言をおこなっている。こうした出来事の重なり合いによって、サルトルは次第に時代を代表する大知識人の座に押し上げられていく。また、それまでどちらかと言えばフランスでは風俗用語だった〈実存主義〉という言葉を積極的に引き受けたこともあり、実存主義は戦後ヨーロッパの思想潮流の一角を占めることになります。

ただ「実存主義はヒューマニズムである」の講演はわかりやすい一方、不十分な点があることは否めません。それでこの本では、それ以前に書かれた『嘔吐』や『存在と無』その他の作品にもできるだけ触れてサルトル思想の様々な側面、またその時代的背景の紹介に努めました。そして一九四五年以後、サルトルの実存主義がどの方向に発展したのかにもページを割きました。

巻末のブックス特別章は二十一世紀の世界の動きの中にサルトルを投げ入れて、サルトルを考えようとしたものです。すでにサルトルはいないのですが、二十一世紀にもし彼が生きていたならどのようなアンガジュマンをしていただろうか、と問いながらの私なりの対話の試みでもあります。

この本はもともとテレビテキストとして口述したものをまとめていただき、それに加筆しながら作成したものです。その際、多くの方にお世話になりました。とりわけテレコムスタッフの平田潤子さん、ＮＨＫ出版の加藤剛さんから貴重な示唆をいただいております。また書籍化にあたっては小湊雅彦さんから不備な箇所に的確なチェックをしていただきました。この場を借りて皆様にお礼を申し上げたいと思います。

二〇二〇年一月

海老坂 武

本書は、「NHK100分de名著」において、2015年11月に放送された「サルトル『実存主義とは何か』」のテキストを底本として加筆・修正し、新たにブックス特別章「希望はどこに――二十一世紀の世界とサルトル」、読書案内などを収載したものです。

装丁・本文デザイン／菊地信義＋水戸部 功

編集協力／福田光一、鈴木由香、西田節夫、小坂克枝

図版作成／小林惑名

本文組版／㈱CVC

協力／NHKエデュケーショナル

P1　ジャン＝ポール・サルトル（1955年）
ⓒBridgeman Images／PPS通信社

P15　45歳のサルトル（1950年）
ⓒTPG Images／PPS通信社

P49　アルジェリア戦争時のパリ夜間外出禁止令に反対するデモで（1961年）
ⓒBridgeman Images／PPS通信社

P75　サンジェルマン・デ・プレを歩くサルトルとボーヴォワール（1955年）
ⓒBridgeman Images／PPS通信社

P103　サルトルの葬儀に集まった市民（1980年）
Alamy／PPS通信社

海老坂 武（えびさか・たけし）

1934年東京都生まれ。東京大学文学部仏文科卒業、同大学院博士課程修了。1963年から2年間フランスに留学。一橋大学教授、関西学院大学教授を経て、現在は執筆と翻訳に専念。著書には『シングル・ライフ』（中公文庫）、『新・シングルライフ』（集英社新書）、『サルトル──「人間」の思想の可能性』（岩波新書）、『人生を正しく享受するために』（朝日新書）、『〈戦後〉が若かった頃』（岩波書店）、『自由に老いる──おひとりさまのあした』（さくら舎）など、訳書にはサルトル『自由への道〈全六巻〉』（岩波文庫、共訳）、サルトル×レヴィ『いまこそ、希望を』（光文社古典新訳文庫）などがある。

NHK「100分de名著」ブックス
サルトル 実存主義とは何か ～希望と自由の哲学

2020年3月20日　第1刷発行

著者────海老坂 武

発行者───森永公紀

発行所───NHK出版
〒150-8081　東京都渋谷区宇田川町41-1
電話　0570-002-042（編集）　0570-000-321（注文）
ホームページ　http://www.nhk-book.co.jp
振替 00110-1-49701

印刷・製本─廣済堂

---


Printed in Japan　ISBN978-4-14-081812-1　C0090